农业经济管理与产业化发展探究

田光香 周安娜 杨成玲◎著

图书在版编目（CIP）数据

农业经济管理与产业化发展探究 / 田光香，周安娜，杨成玲著 . -- 北京：中国书籍出版社，2023.9
ISBN 978-7-5068-9498-2

Ⅰ. ①农… Ⅱ. ①田… ②周… ③杨… Ⅲ. ①农业经济管理—研究—中国②农业产业—产业发展—研究—中国 Ⅳ. ① F32

中国国家版本馆 CIP 数据核字 (2023) 第 131658 号

农业经济管理与产业化发展探究
田光香　周安娜　杨成玲　著

图书策划	邹　浩
责任编辑	毕　磊
责任印制	孙马飞　马　芝
封面设计	博健文化
出版发行	中国书籍出版社
地　　址	北京市丰台区三路居路 97 号（邮编：100073）
电　　话	（010）52257143（总编室）　　（010）52257140（发行部）
电子邮箱	eo@chinabp.com.cn
经　　销	全国新华书店
印　　厂	北京四海锦诚印刷技术有限公司
开　　本	710 毫米 ×1000 毫米　1/16
印　　张	11.25
字　　数	214 千字
版　　次	2024 年 1 月第 1 版
印　　次	2024 年 1 月第 1 次印刷
书　　号	ISBN 978-7-5068-9498-2
定　　价	68.00 元

版权所有　翻印必究

前言

农业是社会传统产业,是我国国民经济的基础,在我国国民经济中占有极其重要的地位,可以说农业和农村经济能否持续稳定发展已成为制约我国经济体制转轨能否顺利进行的一个关键所在。农业不仅是人们的衣食之源、生存之本,而且对我国国民经济发展做出了和仍将做出非常重要的贡献。农业是一个具有很强外部性的产业,除了具有经济职能和社会职能外,还具有生态职能,即净化空气、水,防风固沙,保持土壤和动植物种群平衡等职能。通过这些职能的发挥,给人们带来一个良好的生产和生活环境。

农业经济管理是研究农业部门和企业中的生产以及与此联系的交换、分配和消费等经济活动和经济关系的学科,主要研究的是农业生产关系发展运动和农业中生产力诸要素的合理组织与开发利用的经济规律及其应用。本书是农业经济方向的著作,主要研究农业经济管理与产业化发展。本书从农业经济管理概述入手,针对农业产业结构与布局、农业生产要素组合与管理、农产品市场与营销管理进行了分析研究;另外对农业产业转型发展做了一定的介绍;还对构建新型农业经营体系、农业农村一二三产业融合发展提出了一些建议;最后阐述了农业经济发展趋势。本研究旨在摸索出一条适合现代农业经济管理与产业化发展的科学道路,帮助其工作者在应用中少走弯路,运用科学方法,提高效率,对农业经济的应用创新有一定的借鉴意义。

本书在写作过程中,借鉴了许多专家和学者的研究成果,在此表示衷心的感谢。由于作者时间经验有限,书中难免存在疏漏,恳请各位专家和读者提出宝贵意见和建议。

目　录

第一章　农业经济管理概述 ·· 1

第一节　农业在国民经济中的地位和作用 ································ 1
第二节　农业经济管理相关概念 ·· 7
第三节　农业经营方式和经营决策 ······································ 12

第二章　农业产业结构与布局 ·· 20

第一节　农业产业结构 ·· 20
第二节　我国农业生产布局的调整与优化 ······························ 25

第三章　农业生产要素组合与管理 ·· 36

第一节　农业自然资源管理 ·· 36
第二节　农业劳动力管理 ··· 45
第三节　农业科学技术管理 ·· 51
第四节　农业资金管理 ·· 59

第四章　农产品市场与营销管理 ··· 64

第一节　农产品市场体系概述 ·· 64
第二节　农产品物流 ·· 71
第三节　农产品营销 ·· 79

第五章　农业产业转型发展 ·· 91

第一节　农业产业转型概述 ·· 91

第二节　农业产业转型与农村经济结构升级路径 ·········· 105

第六章　构建新型农业经营体系 ·········· 113

　　第一节　现代农业及其发展模式 ·········· 113
　　第二节　新型农业经营体系及其经营主体 ·········· 120
　　第三节　推进新型农业经营主体建设 ·········· 131

第七章　农业农村一二三产业融合发展 ·········· 135

　　第一节　三大产业相关理论 ·········· 135
　　第二节　融合发展基本路径 ·········· 139

第八章　农业经济发展趋势 ·········· 155

　　第一节　土地资源保护与农业资源的可持续利用 ·········· 155
　　第二节　发展农业循环经济 ·········· 163

参考文献 ·········· 171

第一章 农业经济管理概述

第一节 农业在国民经济中的地位和作用

农业是人类衣食之源，生存之本，农业是人类社会历史上最早出现的物质生产部门，是社会生产和其他活动的起点，也是其他国民经济部门得以存在和发展的基础。

一、农业概述

（一）农业的概念

农业是人类通过自己的劳动，利用生物机体的生命活动和可持续发展规律，把外界环境中的物质和能量转化为人类所需要的物质产品和为人类创造优美生活环境的物质生产部门。

农业的本质是人类利用生物机体的生命力，把外界环境中的物质和能量转化为生物产品，以满足社会需要的一种生产经济活动。不同的历史阶段和不同国家对农业的概念理解有所不同。人类社会最初的农业，一般指种植业、养殖业和采集渔猎业。多数发展中国家，社会分工尚不发达，农业一般是指种植业、养殖业、林业等。农业有广义的农业和狭义的农业之分。狭义的农业主要指种植业，包括粮食作物、经济作物、果林、饲料作物以及油料作物等的种植；广义的农业包括种植业、林业、牧业、副业和渔业。随着社会经济和现代农业的发展，有些发达国家把为农业提供生产资料的产前部门和从事农产品加工、储藏、运输、销售等农业后部门也划归农业部门之中。

许多发达国家农业开始演化为现代产业系统，农业分工日益发展。从横向看，一种产品就可以发育成一个产业部门，且越分越细；从纵向看，演化为产前部门、产中部门、产后部门。因此，狭义的农业概念，专指动植微生物生产，广义的农业发展为产前、产中、产后部门在内的农业产业系统。

农业是国民经济的一个部门，在现代国民经济中属于第一产业。利用土地资源进行种植的活动部门是种植业；利用水域中生物的物质转化功能，通过捕捞、养殖以及加工而取得水产品的物质生产部门是渔业，又叫水产业；利用土地资源培育采伐林木的部门，是林业，利用土地资源培育或者直接利用草地发展畜牧的是牧业。对这些产品进行小规模加工或者制作的是农副业。它们都是农业的有机组成部分。对这些景观或者所在地域资源进行开发的是观光业，又称休闲农业。这是新时期随着人们的业余时间富余而产生的新型农业形式。

（二）农业的根本特性

在农业生产中的自然再生产和经济再生产相互交织，因而决定了农业具有不同于工业和其他物质生产部门的若干具体特点和特性，主要如下。

1. 土地是农业中最基本的不可替代的生产资料

农业生产的基础是土地，农业生产分布在广阔的土地上，人类的农业活动也主要通过在土地上的劳作，对动植物发生作用而完成的。然而，土地又具有自身的自然特性和经济特性，包括土地资源的稀缺性、位置的不变性、用途的选择性、肥力的可变性、效用的持续性、质量的差异性、收益的级差性等，在土地的这些特性与特点基础上，农业生产产生了土地集约经营、规模经营、合理布局等一系列特有的经济特性与问题。

2. 农产品是人类生存所必需的最基本的生活资料

社会的不断进步和经济、科技水平的不断提高，人们的需求发生了巨大变化，同时生活消费水平也发生了巨变，人们的衣、食、住、行都发生了一系列深刻的变化，许多人造食品出现在寻常居民的餐桌，但是无论怎样变化，粮、棉、油、肉、蛋、奶、果、茶、菜等这些最基本的农产品仍然需要农业来提供。

3. 农业生产具有周期性和季节性特点

农业生产的主要劳动对象是动物和植物，动植物的生长发育过程有其自身的运行规律。因此，人们必须严格遵循动植物的生命活动规律，按照动植物的生命活动周期进行生产活动，如春天播种、秋天收获。但是，随着技术的发展和育种的创新，传统的周期性和季节性也在发生着变化，如蔬菜的种植。饲养技术和饲料技术的发展，使得动物饲养的周期也在发生着变化。

4. 农业生产具有空间上的分散性和地域性

由于农业生产活动主要在土地上进行，而土地的位置是固定的，气候环境对农业生产的影响很大，不同的地域环境和气候条件使得农业生产的周期、生产季节和生产结构存在巨大差异，农业生产地域特点显著。

二、农业在国民经济中的地位、功能和作用

农业是国民经济发展的基础，对人类经济社会发展具有多重贡献和多种功能。在人类社会发展的历史长河中，农业一直是安天下、稳民心的基础产业。农业在国民经济中具有重要的地位和作用。

（一）农业是国民经济的基础

农业是国民经济的基础，是不以人的意志为转移的客观经济规律。

1. 农业是人类社会赖以生存繁衍和发展的基础

生存繁衍和生活一直是人类社会最根本的问题。食物是人类生存和发展必须要获得的生活资料。人类的食物包含植物类和动物类两大类，动物类食物来自动物养殖业，植物类食物来自植物种植业。种植业的最基本的特征是，人工栽培绿色植物吸收水分和矿物质，通过光合作用利用太阳能，形成碳水化合物（淀粉、纤维素、葡萄糖）、蛋白质、脂肪、维生素等人类生存繁衍所必需的营养要素。目前，人类还不能通过人工合成的途径取得上述营养要素，因此，种植业和养殖业仍然是满足人类生存和发展的最基本的产业。

我国的基本国情也决定了农业是国民经济的基础。相对于美国等农业发达的国家，我国农业的基础地位仍然比较脆弱。我国是人口大国，农业生产要尽量满足世界五分之一人口的粮食供给，更彰显了农业的国民经济基础地位。农业脆弱的表现是这样的，首先，我国农业生产的技术装备水平与劳动生产率水平均比较低，农业基础设施不完善，抗灾害能力差。其次，我国农产品供给，尤其是粮食供给始终处于基本平衡状态，每年都有缺口。人均农业资源占有量远低于世界平均水平，我国农业的发展受到很大制约。

2. 农业的发展是国民经济其他部门发展的基础

一切非农业部门，其存在和发展都必须以农业的发展为前提、为基础。首先是农业为工业部门及其他经济部门的劳动者提供了其必需的生活资料，并养育其子女，使得全社会劳动力得以生存繁衍。其次是农业为工业提供原料和材料，如粮食、棉花、油料、糖料等。因此在一定的意义上说，没有农业就没有工业。农业作为工业的基础，也为轻工业提供原材料，轻工业的原料主要来源是农业。农业提供的原料主要是生产生活资料的原料，这些原料加工以后，仍然是生活资料，只不过改变了其农产品的形态，把原始的农产品形

态转变成为工业品形态，作为人类生活消费的本质并没有改变。

（二）农业的重要功能

农业除了在国民经济发展中具有重要的作用和地位外，还有一系列经济、社会、环境等方面的作用和功能。

1. 社会稳定功能

农业是社会稳定的基础，是安定天下的产业，农业能否稳定发展，能否提供与人们生活水准逐渐提高这一基本趋势相适应的农副产品，关系到社会的安定。"民以食为天，食足天下安"，粮食是人类最基本的生存资料，农业在国民经济中的基础地位，突出地表现在粮食的生产上。如果农业不能提供粮食和必需的食品，那么，人民的生活就不会安定，生产就不能发展，国家将失去安定和自立的基础。从这个意义上讲，农业是安定天下的产业。

2. 生态环境功能

农业是人类社会最早的物质生产部门，也是首先造成人为生态环境问题的部门。过度砍伐森林和掠夺式的耕作不仅曾经导致一些古代文明的毁灭，而且至今仍然有一些地区，特别是热带雨林地区面临着现实生态环境问题。化学肥料、杀虫剂、除草剂、杀菌剂的大量使用所造成的环境污染和自然生态系统破坏则是更普遍的问题。

但是，人类已经从历史经验中吸取了教训，农业生产从总体上看已趋向与生态环境相协调。同时，与其他生产部门相比较，在合理经营的条件下，农业不仅对生态环境的破坏较小，而且能在相当程度上减轻其他部门对生态环境所造成的破坏，在一定范围内改善生态环境。当然，某些地方过度砍伐森林、过度放牧或开垦草原，不适当地围湖造田或滥用湿地，仍然可能造成严重的生态环境问题。我们对此不能掉以轻心。

事实上，农业在这方面的作用不仅仅限于减轻人为的生态环境问题，植树造林、改造沙漠等工作在相当大程度上也是与地质、气候变化所造成的生态环境问题做斗争。无论是中国西北地区古代的绿洲农业，还是现代的"三北工程"，实质上都是以农业为手段对自然环境施加影响，使之向更有利于人类生存的方向变化，更符合可持续发展的目标。对人类社会来说，这些努力的目标不仅是增加农产品的产量，更是改善自然生态环境。

在治理污染方面，农业也有相当重要的作用。粪便和一些生产、生活废弃物在种植业、畜牧业和渔业生产中可以用作有机肥料、饲料、饵料，或者可以通过其他方式加以利用。这样不仅可以增加农业生产，还可以减少对环境的污染。农作物和林木都是绿色植物，它们都以二氧化碳作为光合作用的原料，因而在减少温室效应方面具有积极作用。城市绿地还可以有效地降低噪音、减少空气中的悬浮物，同时削弱都市的"热岛"效应。此外，微生物在废液和废渣无害化的处理中已经发挥了十分显著的作用。

3. 农业的社会文化功能

现代都市的快速发展，给人们的都市社区生活带来了新的压力和困惑，无论在东方还是西方，长期以来，人们都把乡村的田园生活作为理想的社会生活方式和场所而热情讴歌。目前，西方经济发达国家，人们的生活价值观愈来愈转向崇尚乡村生活。信息革命以后，人类社会的发展不断加速，经济、社会、政治、科学、技术和文化都处于日新月异的大变革之中，都市居民的职业、就业地点和居住场所也呈现出经常变化的趋势。在这一持续变动的大背景之下，宁静的乡村生活较多地保持了原有的稳定，远离喧闹城市的纷扰，越来越令人向往。因此，随着社会和经济的进一步发展，现代工业社会的都市生活的弊病日益显现，与此同时，通过现代科学技术和文化改造而使农业和新农村社会获得新生，其社会文化方面的价值也因而重新获得肯定和认识。人们返璞归真的思潮逐渐形成并得以加强，回归自然乡村生活也将形成共识。

另外，无论是植树造林、改造沙漠，还是建立自然保护区，都不是单纯的生产和经济活动，它们同时也是改变人们意识的精神和文化活动。在进行这些精神文化活动的同时，人们必然要反思自身的行为，从更全面、更理性的角度审视人类在自然界的地位，审视人与自然的关系，以及人与人的关系。因此，这类农业生产活动对人类精神文化领域的发展具有不可低估的作用。即使是普通的大田作业，由于农业与自然界的密切关系，也具有这方面的文化作用。

在野外自然环境中的休闲、旅游和观光不仅可以陶冶人们的性情，培养人们对大自然的热爱、对生活和生命的热爱，消除现代都市快节奏生活带来的压力、焦虑和浮躁情绪，还可以通过潜移默化的方式帮助人们更好地认识自然，更深入地理解人与自然的关系，从而更加珍惜和爱护我们赖以生存的环境。为了更好地发挥旅游观光在这方面的作用，包括中国在内的许多国家有意识地将"自然保护区""农业科学园区"办成科普基地，通过组织专题旅游、专题野营和短期培训等多种方式，向大众特别是青少年普及生态环境知识。这种寓教于乐的科普方式在改变公众行为和意识方面效果较好。

（三）农业的经济作用

工业革命以后，农业在国民经济中的比重不断下降。但是，农业在整个国民经济及其发展过程中仍然具有十分重要的作用。农业的经济作用在发展中国家尤其明显。农业对发展中国家经济发展的贡献可以归结为产品、市场、要素和外汇四个方面。

1. 产品贡献

产品贡献指的是农业部门所生产的食物和工业原料。与工业革命的进程一样，发展中国家经济发展的主要表现是工业化、城市化；而工业部门和其他经济部门飞速发展的第一需求是增加食物和工业原料的供应。对于发展中国家来说，对食物和原料日益增长的需求绝大部分依靠本国农业的发展来满足。如果本国的农业经济迟滞不前，发展中国家的工业化、信息化以及现代化的发展，都无从谈起。将因为缺乏食物和原料而无法推进工业化和现代化的进程。

2. 市场贡献

市场贡献指的是农业部门对工业产品的市场需求的满足。发展中国家工业品市场的发展与繁荣决定其工业化的进程；农业部门是发展中国家的主要生产部门，同时，农业人口又占全国总人口的多数，农业和农村是国内工业产品市场的主体，所以，发展中国家的经济增长在很大程度上取决于农业和农村市场的发展。

3. 要素贡献

要素贡献指的是农业生产要素向工业部门和其他部门的转移。农业部门所提供的生产要素主要有农产品、土地、劳动力和资本等。从长期的观点看，农业领域生产要素不断向其他部门转移的过程就是国民经济其他部门的发展过程。在发展中国家发展的初期，农业仍然是主要经济部门，农业部门几乎占有全社会的所有生产要素。随着社会发展和科学技术的进步，农业生产力迅速提高，这样，农村逐渐有了剩余农产品、剩余农业劳动力和剩余农业资本。在此基础上，农业这些生产要素以及其他自然资源不断转入第二产业和第三产业。没有这种要素转移，其他经济部门的发展就面临"无米之炊"的处境。

4. 外汇贡献

外汇贡献指的是农业在平衡国际收支方面的作用。对于发展中国家来说，运用大量外汇，进口先进技术设备是加快本国工业化和现代化的有效途径。但是，出于萌芽状态的新兴工业很难提供大量优质可以出口换取外汇的工业产品。在这种情况下，农业产品就要担当换取外汇重任。扩大农产品的出口或者扩大农业进口替代品的生产以平衡国际收支，是许多发展中国家的主要选择。对这些国家来说，外向型农业的持续增长是国家工业化和现代化的根本保障。

对于发达国家来说，农业在经济方面的上述四种贡献同样存在。与发展中国家的情况相比，这些贡献在发达国家的重要程度虽然总体上相对较弱，但仍然不可忽视。在某些具体情况下，甚至可能高于发展中国家。

第二节　农业经济管理相关概念

一、农业经济管理

概括地说，农业经济管理是指对农业生产部门物质资料的生产、交换、消费等经济活动，通过预测、决策、计划、组织、指挥、控制等管理职能，以实现管理者预定目标的一系列工作。农业经济管理属于管理学科。

农业经济管理主要工作包括：充分利用各种农业自然资源和社会经济资源、合理组织农业生产与正确处理生产关系和上层建筑两个方面。在组织农业生产力方面，如正确确定农业各部门的生产结构；处理农、林、牧、副、渔五业的相互关系；正确利用农业各种资源、生产资金和生产资料等。在处理生产关系和上层建筑的方面，正确处理国家、地方和企业之间，地方与地方之间，企业与企业之间以及企业与个人之间，个人与个人之间在生产、交换、分配和消费等方面的相互关系。

二、农业经济管理的性质与内容

农业经济管理是一种管理活动过程。农业经济管理的过程就是对农业经济活动中的各个要素进行合理配置与协调，在这个过程中，包括了人与人、人与物、物与物的关系协调处理。因此，农业经济的管理，必然表现出生产力合理组织方面的活动和工作，也必然表现出正确维护和调整生产关系方面的活动和工作。

（一）农业经济管理的两重性

1. 自然属性

农业经济管理有与生产力相联系的一面，即生产力的水平来决定的特性，我们把它叫做农业经济管理的自然属性。在管理活动中，对生产力的合理组织，表现为管理活动的自然属性。对生产力合理组织就是把人、土地等自然资源以及生产资料等生产要素，作为一种具有自然属性的使用价值来对待。具体表现为，土地等自然资源的合理开发和利用，劳动力的合理组织，农业生产资料的合理配备和使用等，以最大限度地发挥生产要素和自然资源的最大效益。

2. 社会属性

农业经济管理也有与生产关系相联系的一面,即生产关系的性质来决定的特性,我们把它叫做农业经济管理的社会属性。这里主要讲的是农业管理在经济方面,要由一定的生产关系的性质来决定。比如,在人民公社制度下,实行土地公有、集体劳动、按劳分配,农民及家庭只是一个生产成员。目前的联产承包责任制度,保留了土地的集体所有制,建立了集体和农民家庭双层经营体制,把土地所有权与经营权分开,农民家庭既是一个自主生产单位,又是一个自负盈亏的经营单位。农业经济管理在生产关系方面发生了巨大的变化。

(二) 农业经济管理的两重性源于农业生产过程的两重性

农业再生产过程,一个方面,是"人与自然"的结合过程,也就是物质的再生产过程,主要是生产要素的合理配置和组合等,要求在组织管理等方面与之相适应;另一个方面,农业再生产过程也是人与人的结合过程,也就是生产关系的再生产过程。比如,生产资料(土地、农机具等)归谁所有,产品如何分配,人与人之间是一种什么关系等。农业经济管理是因农业经济活动的要求而产生的,是为农业经济活动服务的,所以农业经济活动的这些要求,必然要反映到农业经济管理上面来,这就产生了农业经济管理的两重性。生产力决定生产关系,生产关系必须适应生产力的要求,生产力和生产关系构成了一定社会的生产方式。管理是上层建筑,上层建筑必须要为经济基础服务,从这个理论上来说,农业经济管理必然具有两重性。

不同国家生产力组织的区别主要由各国的自然、技术条件和经济发展水平决定;生产关系调整的区别,主要由各个国家的社会意识形态、所有制性质的区别所决定。

(三) 农业经济管理的内容

农业经济管理的内容是由其涉及的范围和属性决定的。就其涉及的范围而言,农业经济管理的内容包括农业宏观管理和微观管理两部分;就其属性而言,农业经济管理的内容涵盖农业生产力和农业生产关系两个方面。

我国的农业经济管理是社会主义经济管理的组成部分,它包括整个农业部门经济管理和农业经营主体的经营管理。

农业部门的经济管理包括农业经济管理的机构和管理体制、农业经济结构管理、农业自然资源管理、农业生产布局管理、农业计划管理、农业劳动力资源管理、农业机械化管理、农业技术管理、农用物资管理、农产品流通管理和农业资金管理等宏观经济管理。

农业经营主体的经营管理包括集体所有制农业企业和全民所有制农业企业等各类农业经营主体的经营管理，内容有决策管理、计划管理、劳动管理、机务管理、物资管理、财务管理和收益分配等微观经济管理。宏观的农业经济管理与微观的农业经济管理，是整体和局部的关系，两者相互依存，相互促进，相互制约，两者都涉及完善生产关系、调整上层建筑、合理组织和有效利用生产力的问题。

三、农业经济管理的职能与目标

（一）农业经济管理的职能

农业经济管理具有两重性，一是由生产力、社会化生产所决定的自然属性（或称共同性）；二是由生产关系、社会制度所决定的社会属性（或称特殊性）。农业经济管理的两重性决定了它有两个基本职能，即合理组织生产力和正确维护和调节生产关系。这两个基本职能是适应农业经济发展的要求而产生的。与这两个基本职能相匹配的具体职能就是计划、组织、指挥、协调、控制等。

（二）农业经济管理的目标

农业经济管理的目标是指国家在农业经济管理方面所要达到的农业经济运行状态的预定目标。农业经济管理的目标决定着管理的重点、内容和着力方向；同时，它也是评价农业经济管理工作的重要依据。现实中，农业经济管理的目标包括以下几个。

1. 实现农业增效、农民增收

实现农业增效、农民增收是市场经济条件下政府管理农业经济的首要目标，也是提升农业竞争力、调动农民积极性的核心问题。党的十五届三中全会明确提出，必须把调动广大农民的生产积极性作为制定农村政策的首要出发点，并指出："这是政治上正确对待农民和巩固工农联盟的重大问题，是农村经济社会发展的根本保证。"尤其是在近年来农民收入增长缓慢、城乡居民收入差距不断扩大的新形势下，更要把农业增效、农民增收作为农业经济管理的首要目标，这是保证农业和农村经济长足发展的动力源泉。

2. 保障粮食安全和其他农产品的有效供给

尽管农业的功能在不断拓展，但为生产生活提供质优价廉、数量充足的农产品仍旧是农业的基本功能。农业经济管理的目标之一就是根据不同历史时期农产品供求关系的变化，制定合理的农业经济政策，并利用财政、信贷、价格、利息杠杆对农产品的生产与供应进行宏观调控，引导农产品的生产与供应。在保证粮食生产安全的前提下，根据人们消费向营养、安全、健康、多样化方向发展的趋势，大力推进农业绿色食品产业的发展，增加绿色食品的市场供给。

3. 优化农业结构，提升产业层次

农业产业结构的合理与否，对于农业经济的良性循环和长足发展，对于农业整体效能的提升，意义重大。因此，调整优化农业产业结构，提升农业产业层次始终是农业经济管理的重要目标之一。尤其是在我国当前农产品供给总量平衡、结构性矛盾突出的情况下，进行农业结构的战略性调整，推动农业产业结构的不断优化和升级，是我国农业步入新阶段的必然趋势，也是当前农业经济管理工作的中心任务。

4. 转变农业增长方式，提高农业生产效率

促进农业经济增长方式由粗放经营向集约经营转变，由资源依赖型向技术驱动型转变，是改造传统农业、建设现代农业的必然要求，也是大幅度提高农业劳动生产率、土地生产率的根本途径。

5. 实现农民充分就业

有国外学者预言，在 21 世纪，中国要解决占世界人口六分之一之众的农民的就业问题，其难度要大大超过 20 世纪解决他们吃饭问题的难度。农民就业不充分是农民收入增长缓慢、农村市场购买力不足、农业规模效益低的深层次根源。因此，研究探索实现农民充分就业的途径，理应成为农业经济管理的具体目标。

四、农业经济管理方法

农业经济管理的实施需要借助于一系列的方法来实现既定的目标和任务。农业经济管理是由多种方法组成的系统，其中包括法律的、行政的、经济技术的、思想政治的和教育的等方法。各种管理方法只有相互配合，灵活利用，才能达到预期的效果。

（一）管理方法

管理方法是指为保证管理活动顺利进行，达到管理目标，在管理过程中管理主体对客体实施管理的各种方式、手段、办法、措施、途径的综合。

根据方法的性质与适用范围，可将管理方法分为管理的哲学方法、管理的一般方法和管理的具体方法。按照管理对象的范围可划分为宏观管理方法、中观管理方法和微观管理方法；按照所运用方法的量化程度可划分为定性方法和定量方法等。

（二）法律方法

法律方法是指国家根据广大人民群众的根本利益，通过各种法律、法令、条例和司法、仲裁工作，调整社会经济的总体活动和各企业、单位在微观活动中所发生的各种关系，以保证和促进社会经济发展的管理方法。

法律方法运用的形式多种多样，但就其主要形式来说，包括以下几种：立法，司法，仲裁和法律教育。

（三）行政方法

行政方法是指管理主体依靠组织的权利和权威，按照自上而下的行政隶属关系，通过下达指令、发布命令、做出规定等强制性行政手段，直接对被管理者进行指挥和控制。它的实质是通过行政组织中的职务和职位来进行管理。它特别强调职责、职权、职位，而并非个人的能力。行政方法的主要形式包括：命令、指令、指示、决议、决定、通知和通告等，都是自上而下发挥作用。

（四）经济方法

经济方法是指管理主体按照经济规律的客观要求，运用各种经济手段，通过调节各种经济利益关系，以引导组织和个人的行为，保证管理目标顺利实现的管理方法。

经济方法是政府调节宏观经济的有力工具，同时也是调动组织和个人的积极性的重要手段。

（五）思想政治教育方法

思想政治教育方法是管理活动中最为灵活的管理方法，它需要针对不同的对象，根据不同的情况采取不同的形式。它以人为中心，通过教育，不断提高人的政治思想素质、文化知识素质、专业水平素质。

（六）技术方法

技术方法是指组织中各个层次的管理者（包括高层管理者、中层管理者和基层管理者）根据管理活动的需要，自觉运用自己或他人所掌握的各类技术，以提高管理的效率和效果的管理方法。这里所说的各类技术，主要包括信息技术、网络技术、预测技术、决策技术、计划技术、组织技术和控制技术等。

第三节 农业经营方式和经营决策

一、农业经营方式

（一）农业经营方式的概念

农业经营方式是指在一定的经济形式下，微观农业经济主体为组织农业生产经营活动而采取的农业生产要素组合、经济运行和经营管理的具体形式。农业经营方式是与一定农业技术发展水平、经营管理水平相适应的农业生产经营的具体组织形式。它涉及的问题包括：劳动的组织方式，劳动者与生产资料结合的方式，农业生产要素的协调方式，以及农业生产经营过程中的经济权力、经济责任和经济利益三者之间的结合状况等。经济形式是经营方式的基础，一定的经济形式必然有一定的农业经营方式与此相适应，以保证特定经营目标的实现。但农业经济形式对农业经营方式的要求并不是固定不变的，农业生产力的发展水平不同，农业经营方式也会有所不同。现阶段，我国农业中存在多种经济形式，自然就存在多种经营方式。

（二）农业经营方式确立的依据

1. 农业生产力发展水平

从人类历史发展的进程看，农业生产力不同的发展阶段及其性质，对于农业经营方式的确立有着直接的作用，农业经营方式必须与农业生产力的发展水平相适应，由于现阶段我国农业生产力的发展不仅总体水平低而且各地不平衡，因此，客观上决定了多种农业经营方式并存。

2. 农业生产的特点

农业生产是自然再生产和经济再生产交织在一起进行的，以活的生物有机体为生产对象的特殊生产部门。农业生产对象都有自身的生长发育规律，都需要有一定的外界环境条件，而人们的生产劳动过程，又是在动植物循环往复、周而复始的滋生繁衍过程中进行的。科学技术还不能完全按人的意志支配生产环境条件之前，在影响生物生长发育的不确定因素又很多的情况下，要求劳动者在生产劳动以及经营管理上具有高度的责任感和随机灵活性。同时，由于农业生产最终成果的大小除受自然环境因素的影响外，与农业劳动者在其每一个生长发育阶段是否精心管理和照料关系极大，单一的、较大规模的农业经营方式加大了农业经营决策者与直接劳动者之间的直线管理距离，失去了解决农业中不确定性决策问题的时效性，必然导致农业劳动生产率和土地生产率的降低。因此，客观上需要农业生产采用多种经营方式。

3. 农业生产资料产权的组合方式

在农业生产中，农民采用什么样的经营方式，不仅取决于农业生产的特点、社会生产力的发展状况，而且还取决于农业生产资料所有权和使用权的组合方式。人民公社化时期的集体统一经营是建立在农村土地所有权和使用权高度统一前提下的，而农村家庭承包经营则是建立在农村地域性合作经济组织内部的土地所有权和使用权相分离的条件下的。所以，一定的经济形式决定着与此相适应的经营方式。

（三）农业经营方式的基本类型

1. 集体统一经营

集体统一经营是指集体所有制农业企业对本单位的生产经营活动进行直接经营管理的方式。这种经营方式的所有权和经营权相统一，所有者就是经营者，所有者直接运用所拥有的生产资料，进行农业生产经营活动。

2. 承包经营

承包经营是在坚持生产资料所有制不变的基础上，按照所有权和经营权相分离的原则，通过签订合同，明确双方的责权利关系，发包方把自己所占有的一部分的资产经营权按约定的条件转让给承包方，承包方对所承包经营的资产安全负责，进行自主经营、自负盈亏的经营方式。实行承包经营责任制，必须由承包方同发包方根据平等、自愿、协商的原则，签订承包合同。在签订承包合同时明确规定承包形式、承包期限、各项承包指标、利润分配形式、债权债务的处理、合同双方的权利和义务、违约责任等。实行承包经营，将所有权和经营权分离开来，有利于强化竞争机制、风险机制和自我约束机制，调动生产经营者的积极性、挖掘潜力，提高经济效益。

3. 统分结合的双层经营

所谓双层经营体制，是指我国农村实行联产承包制以后形成的家庭分散经营和集体统一经营相结合的经营形式。农村双层经营体制将农村经济组织分为两个层次：一层为集体经济组织的统一经营，另一层为家庭分散经营，两层之间通过承包的方式联系起来。

按照这一经营形式，集体经济组织在实行联产承包、生产经营，建立家庭承包经营这个层次的同时，还对一些不适合农户承包经营或农户不愿承包经营的生产项目和经济活动，诸如某些大型农机具的管理使用，大规模的农田基本建设活动，植保、防疫、制种、配种以及各种产前、产后的农业社会化服务，某些农副业生产等，由集体统一经营和统一管理，从而建立起一个统一经营层次。由于这种经营体制具有两个不同的经营层次，所以称之为双层经营体制。

4. 租赁经营

租赁经营是指在坚持生产资料所有制不变的前提下，按照所有权和经营权分离的原则，出租方将企业资产租给承租方经营，承租方向出租方交付租金并对企业实行自主经营的一种经营方式。租赁经营是所有权和经营权分离的又一种经营方式，其内容不仅是企业中的固定资产，而且包括企业生产资料的占有、使用和收益权以及对职工的管理指挥权。承租者作为企业的经营者，享有对企业的经营管理权，并对企业的经营管理承担全部责任。承租者不仅要向出租者交纳租金，而且要承担上缴税收的义务。租赁经营使出租方与承租方的关系更加明确，权利与义务更加清楚，有利于实现生产要素的优化组合，能充分调动承租方的生产积极性。

5. 股份制经营

股份制经营是以资产入股的方式把分散的、分别属于多个所有者或占有者的经营要素集中起来，实行统一经营、统一管理，并对经营成果以货币形式按入股比例分红的一种经营方式。股份制经营两权分离程度高，能促进企业经营机制的全面完善，有利于发展横向经济联合，获得规模经济效益。

6. 个体经营

个体经营是在生产资料归个人所有的基础上，以劳动者个人（包括家庭成员）为主体，进行自主经营、自负盈亏的一种经营方式。

7. 雇工经营

雇工经营是指农户、个体户、独资企业、合伙企业以及其他私营或合作企业以合同形式招雇工人以从事生产活动的一种经营方式。雇工经营是经营体制改革的产物。

8. 集团化经营

集团化经营是在社会化大生产和商品经济发展到一定水平时，为实现多角化和国际化发展而形成的一种跨地域、跨所有制的大规模联合经营或经济联合。集团化经营的典型组织形式是企业集团。企业集团一般是以实力雄厚的企业为核心，以资产或契约为纽带，把众多企业联结在一起的法人联合体。

9. 国际化经营

国际化经营亦称跨国经营，是指农业企业为参与国际分工和交换而进行的经营活动。主要是指我国企业到国外投资办企业或到国外"租地种粮"，国际化经营是我国农村发展外向型经济的重要方式，也是我国农业企业参与国际市场竞争、克服国内需求约束的重要途径。近年来，我国发达地区的一些乡镇企业和农民开始走出国门，向海外投资搞资源开发，创办种植、养殖企业，取得了良好的经济效益。随着改革开放的深入和农村商品经济的发展，将会有更多的农民和乡镇企业加入农业国际化经营的行列。

二、农业生产经营决策

（一）农业生产经营决策的概念与意义

1. 农业生产经营决策的概念

决策理论是第二次世界大战后，在西方经济发达国家首先产生和逐渐发展起来的。所谓决策，是指根据预定目标做出抉择行动，是一种行为选择。

农业生产经营决策是指农业企业通过对其外部环境和内部条件进行综合分析，确定企业经营目标，选择最优方案并组织实施的过程。在现代企业经营管理中，经营决策是经营管理的首要职能和核心内容，是提高企业管理水平和经济效益的关键。

一般来说一个完整的农业生产经营决策必须具备以下几个因素。

（1）决策者意欲达到的目标。

（2）两个以上的互斥的备选方案。（多个方案供选择，取最优方案）

（3）资源约束条件。

2. 农业生产经营决策的意义

（1）农业生产经营决策是农业企业经营管理的核心工作和基础工作

决策贯穿于企业经营管理过程的始终和管理工作的各个方面。从管理的四大职能方面来看，农业生产经营决策贯穿于计划、组织、领导、控制四个管理职能过程之中；从企业经营的业务活动方面看，农业生产经营决策则贯穿于采购活动、生产活动、营销活动、财务管理、人力资源管理等管理过程的始终。

农业企业的管理活动总是涉及资源分配和利用的问题，也就有决策问题。没有正确的决策就没有择优的过程，也就不能做好农业企业的各项管理工作，不能科学的组织生产经营活动，势必会影响目标的实现。

（2）农业生产经营决策是农业经济管理活动成功的前提

决策是管理的重要内容，管理能否达到预期目标，关键是看各级管理人员决策是否正确。决策涉及农业企业管理的方方面面，比如发展方向、经营方针、资源配置，以及较为微观的生产活动、营销活动、财务活动等等。农业企业在一定生产条件下，如何配置稀缺资源，采用什么样的生产方式，产品卖到哪里，价格如何制定，技术研发方向，投资方向等都需要科学的决策。决策正确，企业经营管理水平就高，带来的绩效和价值就大；决策错误，就会造成经营失误，带来损失。因此，农业生产经营决策是农业经济管理活动成功的前提。

（3）经营决策是管理人员的主要职责

农业生产环节多，管理工作千头万绪，各级管理人员的决策工作内容不尽相同。高层管理人员主要解决的是全局性的以及与外部环境有关的重大问题，大部分属于战略决策；中层管理人员涉及的多是安排企业一定时期的生产经营任务，或者为了解决一些重要问题而采取的措施；基层管理人员主要解决作业中的问题，属于业务决策，如设备使用、任务安排等等。

（4）正确的决策有助于把握机会、规避风险

农业决策不仅面临自然环境带来的风险，还面临着市场风险。农业生产的商品化程度越高，农业经营者面临的市场风险就越大，决策的难度就越大。决策人员应通过科学决策，识别市场机会和威胁，认识自身的优势和劣势，合理扬长避短，规避风险，避免盲目上项目、盲目搞生产给企业带来的损失。

（二）农业生产经营决策的基本原则

科学的农业生产经营决策是指在科学的理论指导下，结合农村经营实际，通过科学的方法所做的符合客观规律的决策。其基本原则如下。

1. 预测原则

决策的正确与否，取决于对未来的后果所做的判断的正确程度。农业生产经营的结果具有滞后性，许多决策、改革和行动纲领的未来影响，在短期内不能看清楚，一旦发现问题需要加以修正时，为时已晚，造成农业生产损失。因此，应用未来学理论与方法，进行科学预测，为决策提供科学的依据，这是农业生产经营决策科学化的一个重要原则。

2. 可行性原则

决策必须可行，这是科学决策的又一个重要原则。要保证决策的可行性，就必须使决

策符合农业生产经营客观规律的要求。可行性原则要求在决策中，不能只强调需要，而不考虑可能；也不能只片面地考虑有利因素和成功的机会，或片面地考虑不利的因素和失败的风险，必须两者兼顾；同时，还必须考虑各种未来的可能性对农业生产经营决策造成的影响，要克服盲目性、片面性和局限性，使决策建立在可靠、可行的基础上。

3. 系统原则

应用系统工程的理论与方法进行农业生产经营决策，是现代科学决策的特点。系统原则要求在农业生产经营决策中做到有整体思想、统筹兼顾、全面安排，以整体目标的最优化为准绳；每一个农业生产部门和单个农业项目的发展都要以服从整体农业生产目标为原则；强调系统中各部分、各层系、各项目之间的相互关系、先后关系、主次关系，达到系统完整、配套齐全、系统平衡构成最大的综合能力；建立反馈系统，实行动态平衡。

4. 对比择优原则

对比择优是从比较到决断的过程，是农业生产经营决策的关键步骤。它要求经过系统的分析和综合，提出种种不同的方案、途径和办法，然后用择优决策方法，从不同的方案中，选定最佳的方案，做出最后的决策。对比不仅要把各种不同的农业生产经营方案进行比较，更重要的是把各种方案同农业生产客观实际再做一次认真的比较，因事、因时、因地制宜，做出全面而科学的评价。要比较各种农业生产经营方案带来的影响和后果，考虑各种方案所需要的人力、物力、财力等各种必要条件，选择最优方案。择优决策过程，不但要运用现代的数学方法，还要运用社会学的方法，相互结合，权衡决策可能带来的各方面的社会后果。

5. 反馈原则

反馈原则是指用实践来检验农业生产经营决策所产生的行动后果，以便反馈之后加以调整，其目的是保持农业生产经营决策的科学性。环境和需要会经常变化，要求原先的决策要根据变化了的情况和实践反馈，做出相应的改变或调整，使决策更加合理和科学。

6. 集体决策原则

随着社会的发展和农业科学技术的进步，农业生产经营决策变得越来越复杂，个人或少数人已不能完全胜任。所以，实行集体决策或者智囊团决策，是决策科学化的重要组织保证。所谓集体决策，并不是简单的集体讨论，靠少数服从多数做出决定，而是依靠和利用智囊团来为决策者当助手、参谋、顾问，为农业生产经营决策服务。一般来说，根据农业生产经营决策任务的不同要求，把有关的农业科学家、工程技术人员和管理工作者（智囊团）组织起来，进行系统的调查研究，弄清农业生产历史和现状，积累数据，掌握资料，分析研究，通过平行协议、方案论证、科学预测、方向探索、综合研究、对比择优等环节，提出切实可行的农业生产经营方案，供决策者参考。这样的方案是集体智慧的结晶，有定量依据，有权衡比较，避免了片面性。

三、农业生产经营决策的程序

科学的农业生产经营决策过程，大致可分为以下几个步骤。

（一）发现问题

农业生产经营决策的第一步就是发现问题。所谓问题，就是应有现象和实际现象之间出现的差距。"问题"可能是农业生产发展的某种障碍，也可能是发展前途的有利时机。所有决策工作的步骤，都是从发现问题开始的，农业生产经营者，应该善于发现问题，找出差距，并能确定问题的性质。对农业生产经营问题产生的背景、原因和条件，都要认真地分析，力求做到准确。

（二）确定决策目标

确定农业生产经营目标是决策的前提。所谓农业生产经营目标是指在一定的农业生产经营环境条件下，在预测的基础上所希望达到的农业生产经营结果。决策目标应根据所要解决的农业生产经营问题来确定，因此必须把需要解决的问题的性质及其产生的原因分析清楚，才能确定农业生产经营目标。

决策目标所要解决的问题，就是差距。例如，我们要解决农产品质量低的问题，就要知道农产品质量现状和产品质量标准之间的差距。找到差距之后，还不能马上确定决策目标。因为这样的目标还很抽象，没有找到问题的根源。因为农产品质量低的原因有很多，如生产技术水平低，原料质量差，设备陈旧，管理不善等，必须找到导致农产品质量低的最根本原因，才能对症下药，制定出具体的决策目标。

（三）拟定可行方案

在农业生产经营目标确定之后，就要探索和拟定各种可能的农业生产经营方案。一般的做法是，拟定一定数量和质量的可行方案，供择优选择，才能得到最佳的决策。如果只拟定一个方案，没有比较和选择的余地，就无从判别方案的优劣。因此，拟定多种方案是农业生产经营决策的基础。多种方案拟定的要求是：一方面是详尽性，这就要求拟定全部备选方案，应当把所有的可行方案都囊括进来，如果拟定的全部方案中，漏掉了某些可行方案，最后选择的方案，有可能不是最优的；另一方面是排斥性，这就要求在各种备选方案之间，必须有原则性的区别，使其互相排斥。

（四）方案选优

在拟定农业生产经营方案工作完成以后，就要对这些方案进行比较评价，从各种可供选择的方案中，权衡利弊，选择其一。这是领导者的决策行动，是一项极其复杂的工作，它要求决策者具有较高的判断能力。首先，要正确处理农业技术专家与领导者的关系。现代决策必须有专家参与各项决策工作，但他们是在领导者的委托和指导下参与决策，决不能代替领导决策。领导者永远是决策的主人，一个好的决策者，即要依靠专家，又不能为专家所左右，不能成为一个毫无主见的人。其次，当各种备选方案提出后，领导者要从战略的、系统的观点出发，既要考虑经营者的直接利益，又要考虑社会和消费者的利益，既要从大处着眼，又要从小处着手，并且要运用科学的方法，做好方案的选择工作。

（五）典型试验

农业生产经营方案选定后，必须进行典型试验，以验证农业生产经营方案的可靠性。典型试验也称为"试点"，必须坚持求真、务实，科学地展开实践，这样才能产生实际的效果。试点必须在全局中具有典型性，并严格按照所决策的方案实施。这样，如果试点成功，即可转入全面实施。否则，还必须反馈回去，进行农业生产经营决策修正。

（六）普遍实施

通过上一阶段的试验，如果确实可靠，即进入农业生产经营决策实施阶段。就是把农业生产经营决策目标落实到每一个执行单位，明确各自的责任，并及时掌握执行过程中的具体情况。

（七）追踪控制

在农业生产经营决策付诸执行以后，在执行过程中可能会发生这样那样的与目标偏离的情况，因此，必须注意跟踪检查。如果偏离了原定的目标，就应及时反馈并进行控制，不断修正方案，以便实现原定的农业生产经营目标。如果有的农业生产经营方案几经修订，仍达不到预期的结果，就要对决策本身进行分析，发现问题，及时改正，重新进行追踪决策。追踪决策是指原有决策因主、客观情况发生重大变化所引起的决策，是农业生产经营科学决策过程中的正常现象。

第二章 农业产业结构与布局

第一节 农业产业结构

一、农村产业结构的概念与特征

（一）农村产业结构的概念

产业结构一般是指一个国家或地区社会分工体系中各种产业之间的分类组合状况和各部门之间的比例关系和相互联系。

农村产业结构是指一定时期农村地域内各个产业部门之间、各产业内部之间的比例关系与相互联系。具体地说，农村产业结构指农村中的第一产业农业（种植业、林业、牧业、渔业），第二产业的工业、建筑业，及第三产业（交通运输业、商业、饮食业、金融业、旅游业、信息业等服务业）在农村经济中的组成和比重。它通常以各业总产值或增加值的构成及劳动力在各业的分布等指标予以反映。

在我国农村产业中，非农产业产值不断增大，其中工业比重最大，这是农村经济全面发展的重要标志，也是中国工业化的重要特色。农村建筑业是农村非农产业的重要组成部分，交通运输业是农村商品化、市场化的需要，也是农民易于进入的产业，商业、饮食服务业是农村传统的行业，信息业、旅游业正在农村兴起，日益成为农村经济的必要组成部分。

任何一个国家和地区的农村产业结构都不是一成不变的，不同的农村产业结构，具有不同的社会效益、经济效益和生态效益，合理的农村产业结构可实现三者的最佳结合。因此，根据社会经济技术发展的要求，不断优化农村产业结构，使农村各产业及内部各部门间保持合理的结构比例，有利于助推农村经济发展。

(二) 农村产业结构的特征

由于自然、经济、社会条件的不同，农村产业结构在不同时期、不同地区、不同国家都会有所不同，但从根本而言，农村产业结构呈现出如下特征。

1. 基础性

农村是由农村社会系统、农村经济系统、农村生态系统交错组成的大系统，农村产业系统则是决定其经济功能的主要子系统，它决定并反映农村经济发展水平，并在一定程度上反映一个地区甚至国家的社会经济发展状况。

2. 系统性

农村产业结构是一个系统概念，农业、农村工业、建筑业等物质生产部门及交通运输、商业、金融、信息、旅游和服务业等非物质生产部门相互依存、相互制约。农业是基础，现代农业的发展依赖于工业的发展；农业和工业的迅速发展又要依赖于为其提供产前、产中、产后服务的第三产业的进一步发展，而第三产业的发展又以第一、二产业的发展为条件，从而三者构成了相互依存、不可分割的农村产业系统。

3. 地域性

农村作为一个空间地域性的概念，其具有的各种自然资源、地理位置总是存在着地区差异性，因而各地区三次产业的发展、数量比重与结合方式总存在地区差异性，进而带来农村产业结构的地域差异。

4. 不平衡性

农村产业的发展受自然、社会等多重因素影响，又与农村经济、政治、文化条件相联系，从而导致各地区农村经济发展水平不同，也使产业结构呈现出不平衡性。

(三) 农村产业结构的影响因素

1. 生产力水平

生产力水平是决定农村产业结构的最主要因素。生产力水平决定社会分工和专业化程度，从而决定着农村产业的部门和层次结构。生产力水平低，农村经济落后，没有充分的分工分业，也就不可能有农村生产的专业化和社会化，因而农村产业结构必然比较简单。同时，生产力水平决定人们开发和利用自然资源的程度，随着生产力的不断提高，技术的不断进步，能够有条件充分发挥自然资源和经济资源优势，使农村产业向着专业化的商品经济发展并使其结构不断优化。如农业中使用机器以后，不但可以向农业生产的广度和深度进军，而且可以解放出更多农业劳动力发展农村第二、三产业。

2. 资源条件

自然资源条件和经济资源条件是形成农村产业结构的物质基础。就我国农村地区而言，各种资源的分布是不平衡的，产业结构和农业生产水平与当地的气温、雨量、光照、地形、土质等自然条件关系密切，也直接或间接地影响农村其他产业的发展。劳动力、资金、技术、交通等经济资源的优劣决定了农村对市场、信息、资金、物资等利用程度的不同，从而使农村各产业的形成和发展存在差别。如经济条件较差的偏僻山区，由于交通不便，产品运输困难，不得不选择自给自足型的农村产业结构。

3. 人口及其消费结构

人口及其消费结构是影响农村产业结构的重要因素。人既是生产者又是消费者，个人消费结构首先取决于人均收入水平。随着人均收入的增加，个人用于吃、穿、住、行的支出结构将发生变动。农村消费会由自给型向商品型转变，由雷同型向多样型转变，消费结构的这种转变，不仅影响农村产业结构的调整，还将影响整个国民经济结构的变化。

4. 国内外贸易

国内外贸易是影响农村产业结构的外在因素。在开放型的农村经济系统中，生产力发展水平和资源条件只决定有可能建立什么样的农村产业结构，而社会对产品的需求，却决定着需要建立什么样的农村产业结构。为保证农村经济系统的高效运行，获得最大的比较效益，必须根据不断变化的国内外市场需求，特别是在对国内外市场进行科学预测的基础上调整农村产业结构。

5. 经济制度、经济政策及农村经济管理水平

经济制度、经济政策及农村经济管理水平对农村产业结构的形成有重要影响。经济制度反映不同阶级的利益，如社会主义国家经济制度、经济政策的根本目的在于促进经济发展、为广大人民利益服务。同时，不同的经济政策如农产品价格、税收、信贷政策等也会影响农村产业结构；此外，农村经济管理（如经营决策、经营计划、组织形式等）水平的高低对农村产业结构的合理程度也有较大影响。

二、农业产业结构的形成与规律性

（一）农业产业结构的形成条件

1. 生产力水平是农业产业结构形成和发展的主要条件

不同的农业产业结构是一定时期生产力水平提高到不同程度的产物。人类历史证明，生产力的发展进程决定产业结构的发展进程。农业时代，从原始农业到传统农业转变，农

业与畜牧业、手工业、商业的分离，但粮食生产依然是主要的产业部门，而生产规模小、产量低、自给自足是最明显的时代特征。工业时代，农业工业化成为最主要的产业结构特征。

2. 需求是农业产业结构形成和发展的前提条件

现实生活中存在着两种消费需求，一是生活资料消费需求，即人们为了生存、繁衍后代而产生的商品需求，二是生产资料消费需求，即工农业生产者为了保证生产的不断进行而产生的商品需求。市场经济条件下，产品只有适应需求进入消费，才能成为现实产品，需求成为生产的导向与产业增长的动力，从而成为产业结构形成和发展的前提条件，需求的多样性也促进了农业产业结构的多样性。

3. 地理环境是农业产业结构形成和发展的基础条件

地理环境包括地形、地貌、气候、河流、土壤、植被等自然要素，它们相互联系、相互制约，形成一个有机整体。地理环境中资源的组成特点、时空分布及其功能在一定程度上制约和决定了各产业的内部结构和外部联系，决定了产业结构模式在地域上的差异性。

4. 劳动力是农业产业结构形成和发展的内在条件

产业结构发展的过程离不开劳动过程的三要素：劳动力、劳动对象和劳动资料。其中劳动力因素起主导作用，没有人的参与，没有劳动力素质的提高，就没有产业层次的提高。劳动力的数量和质量，对第二、第三产业的发展规模和结构有重要意义，劳动力的合理比例、劳动力利用率的提高对产业结构合理化有重要作用。

5. 资金是农业产业结构形成和发展的保障条件

产业结构的更新、完善和发展过程，实际上是各种生产要素重新组合的过程。有了一定数量的资金才能使各种生产要素增加活性，促进分工和专业化，形成新的生产力，改善产业结构。产业结构的发展规模和速度，很大程度上取决于资金的分配规律和增长速度。

6. 科学技术是农业产业结构形成和发展的动力条件

科学技术是生产力发展的源泉和动力。科学技术为提高各产业生产要素的功能和协作程度提供了依据和保证；科学技术进步加快了旧产业部门的改造和新产业部门的建立，促使产业新格局的实现。改革开放以来，中国的国民经济发展和科学技术的结合，有了很大进展，科学技术正越来越有效地转化为生产力。可以预见，科学技术作为独立的知识产业，对产业结构的介入程度越深越快，产业新格局实现得就越早。

除上述条件外，经济政策如金融政策、财政政策、价格政策、劳动政策等，对农业产业结构的形成和发展，也有着不可忽视的作用。

（二）农业产业结构发展的规律性

1. 农业产业结构演变

在农业产业结构变化过程中，一般会经历如下发展阶段。

（1）结构变革起步阶段

从传统产业结构向现代产业结构转变，表现为以粮食为主的农业结构转向粮食和多种经营相结合的结构。粮食比重下降，非粮食的多种产业比重上升，专业化生产开始形成，农产品商品率上升，农民逐渐以市场为导向进行产业选择。

（2）结构改革发展阶段

农业产业结构形成了以粮食为基础、以专业化生产为主的产业结构，各国、各地区、各企业的农业产业结构已大不相同。农业产业内部的分工分业日益强化，农业已经基本商品化，市场调节着资源在各产业的配置。

（3）结构改革高级阶段

主要标志是农业市场化条件下高效益的农业产业结构已经形成，农业专业化生产已占主导地位，优质农产品的比重大幅度上升，特别是高科技农业产业化的比重日益上升，农业的功能得到拓展，现代农业的产业结构已确立。

农业产业结构的量变积累到一定程度，会发生质的变化，或叫产业结构升级。

2. 农业结构变动的趋势

根据世界农业发展经验，农业的基本结构变动的趋势是：种植业比重下降，但其生产力水平日益提高；畜牧业比重逐渐提高，在经济发达的国家和地区一般约占农业总产值的 1/2 以上，有的达到 2/3 以上，林业日益成为农业的重要部门，森林覆盖率在发达国家约占国土面积的 1/3 以上，但主要以生态功能为主；渔业越来越受到重视，成为食品的重要来源。

种植业结构变动的客观趋势是：在粮食生产水平不断提高、粮食产量稳定增加的前提下，经济作物、饲料作物比重稳步上升。我国近年的农业产业结构演变基本符合这一趋势。

农业各部门之间的相互关系存在两个规律：一是农业生产的专业化与一定程度的多种经营结合在一起；二是专业化与多种经营的发展速度在很大程度上取决于粮食发展水平。通过各地区、各生产单位充分发挥各自优势形成各具特色的农业生产专业化，进而实现全国范围内的多种经营全面发展；同时，在一个地区或生产单位中，通过主导产业与辅助产业的合理搭配，实现一业为主的专业化与多种经营的结合。但是，一个国家或地区能否实现农业的专业化和多产业经营,一般来说要取决于其粮食的供给能力。

3. 农业产业结构变化的影响因素

一个国家、地区、农业产业结构的形成和变化受许多因素制约。影响农业产业结构形成的因素有:自然资源,包括气候、土壤、水源、地形地貌等;经济发展水平,特别是人们对农产品的需求,包括数量和质量要求;人口的变化,包括人口总量和城乡结构等的变动;粮食的供求状况,及其对农业布局的制约情况;交通、运输、加工、商业等因素;农业经营的体制;历史上已经形成的产业结构及其特点;农业科学技术的发展和应用情况。

以上各种因素会在不同程度上引起调整农业产业结构的要求,这些要求将通过市场供求状况、农产品价格变动等来反映,这就是农业产业结构调整的市场导向。但从长远来看,农业产业结构归根结底是由社会生产力发展水平所决定,是一定社会生产力发展水平的结果。

从宏观农业产业结构演变可以看出如下一些规律。

①农业宏观产业结构变化的动力是人的社会需求和生产力的发展,特别是科学技术的进步和劳动者素质的提高。

②农业宏观产业结构的变化方向是产业链变长、产业之间的联结更紧密,投入更大、更科学,并且智能投入越来越多。

③农业宏观产业结构决定农业所处的发展阶段,决定土地的人口承载力。

第二节 我国农业生产布局的调整与优化

一、农业生产布局的概念

农业生产布局简称农业布局,亦称农业配置,指农业的地域分布,是农业内部分工在地域空间上的表现形式。其主要内容包括:农业生产地区间的分工、区域内农业各部门的结合形式和比例关系及具体安排、各农业区域间的经济交流和相互关系。

农业生产地区间的分工是指按各地区的自然、经济资源的不同,确定其生产的专业化方向及其规模,如农产品商品生产基地的选择及安排。区内农业各部门的结合形式和比例关系是指区内的生产组合和空间分布,包括区内有限资源的合理配置、优势产业和拳头商品的开发等。各区域间的经济交流及其相互关系是指在地区分工和生产专业化基础上的纵向及横向的交流与合作。

二、合理的农业生产布局的意义

合理进行农业布局,有利于发挥各地优势,提高经济效益、生态效益和社会效益;有利于应用先进的技术和装备,提高农业生产区域化、专业化水平;有利于农业、工业、交通运输业和商业在相关设施的区域配置上密切配合,从而提高全社会生产力要素配置的合理性;有利于促进各地区经济的均衡发展,促进边疆和少数民族地区的经济繁荣,加强民族团结。

三、农业生产布局的影响因素

农业是自然再生产和经济再生产相结合的物质生产部门,因而农业生产布局既受到光、热、水、土等自然要素的直接影响,又受到不同经济社会发展条件下市场、区位、技术、环境等因素的间接影响。

(一) 资源因素

包括气候、土壤、植被、燃料、动力、森林和水力资源等,另外还包括地理位置。农业生产的自然再生产过程,也就是农产品生长、发育和繁殖的生理过程,都受到周围的自然环境,特别是光、热、水、土等条件的制约和影响。农产品对其生产的自然环境都有一定的要求,特定地域的农业自然条件对于特定作物和动物而言,有最适宜区、适宜区、较适宜区和不适宜区之分,这决定了农业生产必须遵循农业自然资源的生态适宜性进行布局。

(二) 市场因素

市场需求规模、结构差异及其变化对农业产业布局具有决定性影响。各种农产品的需求结构不同,产业区域分布要求也不同。如粮食属于刚性产品,自给比例高、耐储运,布局带流通量大,因此粮食生产布局可远离消费中心。蔬菜商品率高,收入弹性大,其消费量与人民收入水平密切相关,产品的保鲜程度对价格影响大,因此布局应尽可能接近消费中心。经济作物商品率高,主要为轻工业提供原料,必须与轻工业发展品质要求相适应才能长远发展,布局应尽可能接近加工企业。

(三) 区位因素

包括交通区位和贸易区位,主要通过降低运输成本、交易成本等影响农业产业布局。

交通区位对农业生产的规模和布局有明显影响，运输成本高、交通不便利的地区会使具有适宜性的农业资源在经济上变得不可行，难以使资源优势转变为商品比较优势。因此，交通区位条件的改善或靠近交通干线和交通枢纽的地区，能有效发挥区域农业自然资源优势。贸易区位是外向型农村产业布局的关键因素，经济的一体化和区域化趋势，对农产品市场及其国际贸易影响很大。作为幅员辽阔的大陆国家，我国不同地区对外空间的区位条件各不相同，其中的沿海、沿边地区具有更为有利的农产品国家贸易区位优势。

（四）技术因素

对农业生产布局产生直接影响的技术包括农业生产、储运、加工、销售等技术。现代以生物技术为核心的生产技术创新，可以突破生产布局的时空约束，农作物品种改良，加速各种抗逆品种、优质专用品种的研制与推广，可提高产品的生态适宜性，显著改变产品的生产空间分布格局；农膜、新农具、新栽培技术的应用有利于抢农时，利用全年的农作物生长期，从而扩大产业布局的范围和规模。储运、加工、销售技术的创新，有利于改善鲜活农产品的区位条件、提高农产品附加值、开拓新市场，推动农业生产布局向广度与深度拓展。

（五）环境因素

农业产业布局的形成与生态环境和政策环境密切相关。随着水土流失、土地退化、农业面临污染等一系列生态环境问题的出现，人们日益关注生产农产品的产地环境质量状况，原产地环境因素在农业生产布局的形成和市场竞争中的作用将越来越显著；政策环境主要通过营造制度环境作用于农业生产布局，在农业生产布局中忽视或夸大政府因素都是不科学的。基于此，大多数国家的政府均是介入农产品国际竞争力研究，基于研究和比较不断修改和完善其政策和法律，进而通过创造有竞争力的经济环境影响农业生产布局的空间位置和规模，最终促进优势农产品区域竞争力的提高。

四、农业生产布局的调整与优化

（一）中国农业生产布局体系

1. 优化发展区

（1）区域特点

我国农业生产布局体系优化发展区具有区域性特点。包括东北区、黄淮海区、长江中下游区和华南区，是我国大宗农产品主产区，农业生产条件好、潜力大。

(2) 存在问题

我国农业生产布局体系优化发展区也存在一些问题，如水土资源过度消耗、环境污染、农业投入品过量使用、资源循环利用程度不高等问题。

(3) 调整方向

在坚持生产优先、兼顾生态、种养结合，在确保粮食等主要农产品综合生产能力稳步提高的前提下，对水土资源匹配较好的区域，壮大区域特色产业，保护好农业资源和生态环境，实现生产稳定发展、资源永续利用、生态环境友好，加快实现农业现代化。

2. 适度发展区

(1) 区域特点

我国农业生产布局适度发展区也具有区域特点。包括西北及长城沿线区、西南区，地域辽阔，自然资源丰富，农业生产特色鲜明，是我国特色农产品主产区。

(2) 存在问题

生态脆弱，水土配置错位，资源性和工程性缺水严重，资源环境液载力有限，农业基础设施相对薄弱。

(3) 调整方向

我国农业生产布局中的保护发展区的区域特点，坚持保护与发展并重，立足资源环境禀赋，发挥优势、扬长避短，限制资源消耗大的产业规模，适度挖掘潜力、集约节约、有序利用，提高资源利用率。

3. 保护发展区

(1) 区域特点

我国农业生产市局中的保护发展区的区域特点，包括青藏区和海洋渔业区，在生态保护与建设方面具有特殊重要的战略地位，其中青藏区是我国大江大河的发源地和重要的生态安全屏障，高原特色农业资源丰富，海洋渔业区发展较快，具备发展特色农产品、草地畜牧业和生态渔业的优势。

(2) 存在问题

青藏区农业生产水平较低，农村经济发展相对滞后，生态脆弱；海洋渔业区存在渔业资源衰退、污染突出的问题。

(3) 调整方向

坚持保护优先、限制开发，对生态脆弱的区域，重点划定生态保护红线，明确禁止类产业，适度发展生态产业和特色产业，让草原、海洋等资源得到休养生息，促进生态系统良性循环。

（二）中国农业综合分区

在农业生产布局体系划分的基础上，根据三大区的农业自然资源条件、社会经济条件及农业生产特征的地域差异，结合农业生产存在的问题与未来发展需要，将三大农业区具体划为八大分区，提出了各区农业生产布局调整的方向和重点。

1. 东北区

本区包括辽宁、吉林、黑龙江三省及内蒙古东北部大兴安岭地区，三面为大小兴安岭和千山山脉所围，是我国纬度最高的地区。

（1）自然经济条件和农业生产概况

东北区从南到北地跨暖温带、中温带和寒温带3个气候带，雨量充沛，年降水量500~700 mm，无霜期80~180天，初霜日在9月上、中旬，≥10℃积温1 300~3 700℃，日照时数2 300~3 000 h，雨热同季，适宜农作物生长。松嫩平原、三江平原、辽河平原位于本区核心位置，耕地肥沃且集中连片，适宜农业机械耕作，是我国条件最好的一熟制作物种植区和商品粮生产基地。

（2）发展方向

东北区是世界三大黑土带之一，应以保护黑土地、综合利用水资源、推进农牧结合为方向，建设资源永续利用、种养产业融合、生态系统良性循环的现代粮畜产品生产基地。

（3）布局重点

在典型黑土带，综合治理水土流失，实施保护性耕作，增施有机肥，推行粮豆轮作，在黑龙江、内蒙古第四、第五积温带推行玉米大豆、小麦大豆、马铃薯大豆轮作，在黑龙江南部、吉林和辽宁东部地区推行玉米大豆轮作。在农牧交错地带，积极推广农牧结合、粮草兼顾、生态循环的种养模式，推行"525轮作"（即5年苜蓿、2年玉米、5年苜蓿），大力发展优质高产奶业和肉牛产业。适度扩大生猪、奶牛、肉牛生产规模，推动适度规模化畜禽养殖，加大动物疫病区域化管理力度，推进"免疫无疫区"建设，提高粮油、畜禽产品深加工能力。在大中城市因地制宜发展日光温室大棚等设施蔬菜，提高冬春淡季蔬菜自给率。在大小兴安岭等地区，推行小麦油菜轮作，实现用地养地相结合，逐步建立合理的轮作体系，加大森林草原保护建设力度，发挥其生态安全屏障作用，保护和改善农田生态系统。

2. 黄淮海区

本区位于秦岭-淮河线以北、长城以南的广大区域，主要包括北京、天津，河北中南部，河南、山东，安徽、江苏北部。

（1）自然经济条件和农业生产概况

全区由西向东分3部分，北部和西部是丘陵、山地和盆地，广泛覆盖着黄土；中部是华北大平原，东部是山东丘陵地带。属温带大陆季风气候，农业生产条件较好，土地平整，光热资源丰富。年降水量500~800 mm，≥10℃积温4 000~4 500℃，无霜期175~220天，日照时数2 200~2 800 h，可以两年三熟到一年两熟，是我国冬小麦、玉米、花生和大豆的优势产区和传统棉区，是我国应季蔬菜和设施蔬菜的重要产区。

（2）发展方向

以治理地下水超采、控肥控药和废弃物资源化利用为方向，构建与资源环境承载力相适应、粮食和"菜篮子"产品稳定发展的现代农业生产体系。

（3）布局重点

在华北地下水严重超采区，因地制宜调整种植结构，适度调减地下水严重超采地区的小麦种植，改种耐旱耐盐碱的棉花和油葵等作物，扩种马铃薯、苜蓿等耐旱作物；大力发展水肥一体化等高效节水灌溉，实行灌溉定额制度，加强灌溉用水水质管理，推行农艺节水和深耕深松，保护性耕作。在淮河流域等面源污染较重地区，大力推广配方施肥、绿色防控技术，推行秸秆肥料化、饲料化利用；调整优化畜禽养殖布局，稳定生猪、肉禽和蛋禽生产规模，加强畜禽粪污处理设施建设，提高循环利用水平。

在沿黄滩区因地制宜发展水产健康养殖。全面加强区域高标准农田建设，改造中低产田和盐碱地，配套完善农田林网。稳定生猪、奶牛、肉牛肉羊养殖规模，发展净水渔业，推动京津冀现代农牧业协同发展。

3. 长江中下游地区

本区位于淮河、伏牛山以南，福州、英德、梧州一线以北，鄂西山地、雪峰山一线以东，主要包括江西、浙江、上海、江苏、安徽中南部，湖北、湖南大部。

（1）自然经济条件和农业生产特点

属我国温带与热带的过渡地带，植物种类南北兼有。属亚热带季风气候，水热资源丰富，河网密布，水系发达，是我国传统的"鱼米之乡"。年降水量800~1 600 mm，无霜期210~300天，≥10℃积温4 500~5 600℃，日照时数2 000~2 300 h，耕作制度以一年两熟或三熟为主，大部分地区可以发展双季稻，实施一年三熟制。耕地以水田为主，占耕地总面积的60%左右。种植业以水稻、小麦、油菜、棉花等作物为主，是我国重要的粮、棉、油生产基地。

（2）发展方向

以治理农业面源污染和耕地重金属污染为方向，建立水稻、生猪、水产健康安全生产模式，确保农产品质量，巩固农产品主产区供给地位，改善农业农村环境。

（3）布局重点

稳步提升水稻综合生产能力，巩固长江流域"双低"（低芥酸、低硫甙）油菜生产，调减重金属污染区水稻种植面积，发展高效园艺产业；科学施用化肥农药，通过建设拦截坝、种植绿肥等措施，减少化肥、农药对农田和水域的污染。① 开发利用沿海沿江环湖盐碱滩涂资源种植棉花，开发冬闲田扩种黑麦草等饲草作物。推进畜禽养殖适度规模化，在人口密集区域适当减少生猪养殖规模，控制水网密集区生猪、奶牛养殖规模，适度开发草山草坡资源发展草食畜牧业，加快畜禽粪污资源化利用和无害化处理，推进农村垃圾和污水治理。加强渔业资源保护，大力发展滤食性、草食性净水鱼类和名优水产品生产，加大标准化池塘改造，推广水产健康养殖，积极开展增殖放流，发展稻田养鱼。严控工矿业污染排放，从源头上控制水体污染，确保农业用水水质。加强耕地重金属污染治理，增施有机肥，实施秸秆还田，施用钝化剂，建立缓冲带，优化种植结构，减轻重金属污染对农业生产的影响。②

4. 华南区

本区位于福州、大埔、英德、百色、元江、盈江一线以南，南至南海诸岛，包括福建东南部、台湾省、广东中部及南部、广西南部及云南南部。

（1）自然经济条件和农业生产特点

全区地处南亚热带及热带，是我国水热资源最丰富和唯一适宜发展热带作物的地区。属南亚热带湿润气候，年降水量 1 300~2 000 mm，无霜期235~340天积温6 500~9 300℃，日照时数1 500~2 600 h，终年无霜，可一年三熟，耕地以水田为主，地形复杂多样，河谷、平原、山间盆地、中低山交错分布，经济作物为花生、甘蔗及亚热带水果柑橘和热带水果香蕉、菠萝、龙眼和荔枝等，是全国最大的甘蔗生产基地；其中珠江三角洲是全国著名的商品粮、甘蔗、蚕丝和淡水鱼生产基地。农、林和水产业在全国均占有重要

---

① 出自《全国农业现代化规划（2016~2020年）》
② 出自《全国农业可持续发展规划（2015~2030年）》.

地位，是我国三大林区和四大海区之一。

（2）发展方向

以减量施肥用药、红壤改良、水土流失治理为方向，发展生态农业、特色农业和高效农业，构建优质安全的热带亚热带农产品生产体系。

（3）布局重点

稳定水稻面积，稳定糖料面积，利用冬季光温资源，开发冬闲田，扩大冬种马铃薯、玉米、蚕豌豆、绿肥和饲草作物等，加强南菜北运基地基础设施建设，实现错季上市，均衡供应。大力开展专业化统防统治和绿色防控，推进化肥农药减量施用，治理水土流失，加大红壤改良力度，建设生态绿色的热带水果，冬季瓜菜生产基地。恢复林草植被，发展水源涵养林、用材林和经济林，减少地表径流，防止土壤侵蚀；改良山地草场，加快发展地方特色畜禽养殖。发展现代水产养殖，加强天然渔业资源养护、水产原种保护和良种培育，扩大增殖放流规模，推广水产健康养殖。

5. 西北及长城沿线区

本区位于我国干旱、半干旱地带，主要包括新疆、宁夏、甘肃大部、山西、陕西中北部、内蒙古中西部、河北北部。

（1）自然经济条件和农业生产特点

属半湿润到半干旱或干旱气候，土地广袤，光热资源丰富，耕地充足，人口稀少，增产潜力较大。干旱少雨，水土流失和土壤沙化现象严重。年降水最小于 400 mm，无霜期 100~250 天，初霜日在 10 月底，≥10℃ 积温 2 000~4 500℃，日照时数 2 600~3 400 h。农业生产方式包括雨养农业、灌溉农业和绿洲农业，是我国传统的春小麦、马铃薯、杂粮、春油菜、甜菜、向日葵、温带水果产区，是重要的优质棉花产区。

（2）发展方向

以水资源高效利用、草畜平衡为方向，突出生态屏障、特色产区、稳农增收三大功能，大力发展旱作节水农业、草食畜牧业、循环农业和生态农业，加强中低产田改造和盐碱地治理，实现生产、生活、生态互利共赢。

（3）布局重点

利用西北地区光热资源优势，加强玉米、蔬菜、脱毒马铃薯、苜蓿等制种基地建设，满足生产用种需要；推进棉花规模化种植、标准化生产、机械化作业，提高生产水平和效率，发挥新疆光热和土地资源优势，推广膜下滴灌、水肥一体等节本增效技术，积极推进棉花机械采收，稳定棉花种植面积，保证国内用棉需要。在雨养农业区，实施压夏扩秋，调减小麦种植面积，提高小麦单产，扩大玉米、马铃薯和牧草种植面积，推广地膜覆盖等旱作农业技术，建立农膜回收利用机制，逐步实现基本回收利用；修建防护林带，增强水源涵养功能。在绿洲农业区，发展高效节水灌溉，实施续建配套与节水改造，完善田间灌排渠系，增加节水灌溉面积，并在严重缺水地区实行退地减水，严格控制地下水开采；在农牧交错区，推进农林复合，农牧结合，农牧业发展与生态环境深度融合，通过坡耕地退耕还草、粮草轮作，种植结构调整，已垦草原恢复等形式，挖掘饲草料生产潜力，发展粮草兼顾型农业和草食畜牧业。在草原牧区，继续实施退牧还草工程，保护天然草原，实行划区轮牧、禁牧、舍饲圈养，控制草原鼠虫害，恢复草原生态。

6. 西南区

本区位于秦岭以南，地处我国长江、珠江等大江大河的上游生态屏障地区，主要包括广西、贵州、重庆、陕西南部、四川东部、云南大部、湖北、湖南西部。

(1) 自然经济条件和农业生产特点

地处亚热带，湿度大、日照少，山地、丘陵、盆地交错分布，垂直气候特征明显，生态类型多样，冬季温和，生长季长，雨热同季，适宜多种作物生长，有利于生态农业、立体农业的发展。年降水量800~1 600 mm，无霜期210~340天，≥10℃积温3 500~6 500℃，日照时数1 200~2 600 h，可实现稻麦两熟制，主要种植玉米、水稻、小麦、大豆、马铃薯、甘薯、油菜、甘蔗、烟叶、苎麻等作物，是我国重要的粮食、油料、甘蔗、烟叶、茶叶、柑橘、生猪和蚕丝产区，也是重要的用材林和经济林基地，油桐、乌桕、生漆和药材等在全国占有重要地位。地面水资源丰富，潜在的可开采能力占全国总量的68%左右，有大量的湖泊及水库等水利设施，国内水力发电工程多在西南地区。

(2) 发展方向

突出小流域综合治理、草地资源开发利用和解决工程性缺水，在生态保护中发展特色农业，实现生态效益和经济效益相统一。

(3) 布局重点

保护平坝水田，发挥光温资源丰富、生产类型多样、种植模式灵活的优势，因地制宜推广轻简栽培及小型机具，稳定水稻面积，推广玉米/大豆、玉米/马铃薯、玉米/红薯间套作等生态型复合种植，合理利用耕地资源，提高土地产出率；发展高山夏秋冷凉特色农作物生产，巩固云南天然橡胶和糖料蔗生产能力。稳定藏区青稞面积，扩种马铃薯和杂粮杂豆，推广油菜育苗移栽和机械直播等技术，扩大优质油菜生产。对坡度25°以上的耕地实行退耕还林还草，鼓励人工种草，调减云贵高原非优势区玉米面积，改种优质饲草，发展生态草食畜牧业。加强林草植被的保护和建设，发展水土保持林、水源涵养林和经济林；通过修筑梯田、客土改良、建设集雨池，防止水土流失，推进石漠化综合治理。合理开发利用水产资源，发展特色渔业。

7. 青藏区

本区位于我国最大的高原青藏高原地带，包括西藏，青海，甘肃的甘南自治州及天祝、肃南县，四川西部，云南西北部。

（1）自然经济条件和农业生产特点

高寒是青藏区的主要自然特点，既有海拔 4 000~6 000 m 的高达山岭，海拔 3 000~5 000 m 的台地、湖盆和谷地，又有海拔低于 3 000 m 的东部、南部河谷地区，但不到全区总面积的 10%。由于地势高，大部分地区热量不足，东部和南部海拔 4 000 m 以下地区，有效积温仅 1 000~2 000℃，可种植耐寒喜凉作物。南部边缘河谷地区可种植玉米、水稻等喜温作物。光能资源丰富，是全国太阳辐射量最多的地区，日照时间长、气温日差大，作物光合作用强度大，易形成大穗、大粒和大块茎，有利于作物高产。区内天然草场面积广阔，约占全区土地总面积的 60%，东南部和东部有广阔的天然森林，木材蓄积量占全国的 23.3%，是我国主要的林牧区。西部南端、中南部和东北部是农牧交错区，适宜青稞、豌豆、小麦和油菜的生长，并以青稞为主，是高原家畜产品（耐寒的牦牛、藏绵羊和藏山羊）的主产区。东南部是以农业和林业为主的农牧交错区，是区内海拔最低、水热条件最好的地区，主要种植冬小麦、玉米，也有水稻生产。

（2）发展方向

突出三江源头自然保护区和三江并流区的生态保护，实现草原生态整体好转，构建稳固的国家生态安全屏障。

（3）布局重点

保护基本口粮田，稳定青稞等高原特色粮油作物种植面积，确保区域口粮安全，适度发展马铃薯、油菜、设施蔬菜等产品生产。严守生态保护红线，继续实施退牧还草工程和草原生态保护补助奖励机制，保护天然草场，推行舍饲半舍饲养殖，以草定畜，实现草畜平衡，有效治理鼠虫害、毒草，遏制草原退化趋势。适度发展牦牛、绒山羊、藏系绵羊为主的高原生态畜牧业，加强动物防疫体系建设，保护高原特有鱼类。

8. 海洋渔业区

本区主要包括濒临渤海、黄海、东海、南海及台湾以东的我国管辖海域。

（1）自然经济条件和农业生产特点

气候跨越温带、亚热带和热带，海岸类型多样，大于 10 km² 的海湾 160 多个，大中河口 10 多个，自然深水岸线 400 多 km。按功能分区为农渔业区、港口航运区、工业与城镇用海区、矿产与能源区、旅游休闲娱乐区、海洋保护区、特殊利用区、保留区等。

（2）发展方向

严格控制海洋渔业捕捞强度，限制海洋捕捞机动渔船数量和功率，加强禁渔期监管。

（3）布局重点

稳定海水养殖面积，改善近海水域生态质量，控制近海养殖规模，拓展外海养殖空间。积极发展海洋牧场，扩大立体养殖、深水网箱养殖规模，建设海洋渔业优势产业带，大力开展水生生物资源增殖和环境修复，保护海洋渔业生态。

第三章 农业生产要素组合与管理

第一节 农业自然资源管理

一、概述

(一) 农业自然资源及其分类

农业自然资源是指自然资源中可被人类用于农业生产的物质和能量,及保证农业生产活动正常进行所需要的自然环境条件的总称,如土地资源、水资源、矿产资源等。它具有以下基本特征。

1. 地域性

农业自然资源因所处的地理位置不同,其性质、状态、种类、数量、组合特征及生产力都有明显的差异。这种差异不但存在于大的区域范围,即使在一个小范围如山上山下等往往也存在很大差异。农业自然资源的地域性,影响着各种资源本身的经济性能和人类对其的利用方式和效果。

2. 整体性

各种农业自然资源在自然环境中是相互联系、相互依存、相互制约的有机整体。如在一定的水热条件下,形成一定的土壤和植被,以及与此相适应的动植物和微生物群落。一旦一种自然要素变化了,就会引起其他要素相应的变化,以至于整个资源组合状况发生变化。另外,组成自然资源的各要素本身也是一个统一的系统。如气候资源,在光照、降水、温度之间有着相互制约的关系,雨量多,光照就少,温度就偏低。农业自然资源的整体性,决定了研究和开发利用的综合性,只有综合研究自然资源,才能全面认识自然资源,合理利用和保护自然资源。

3. 动态稳定性

一般来说，各种农业自然资源在一定时间、空间内是相对稳定的，并能循环利用。例如，耕地资源的不断培肥，使地力得到恢复和提高；生物资源的不断死亡和繁衍；水资源的循环；气候条件按一定季节变化等。但是，农业资源具有这一特性是有条件的，就是要合理地利用和保护自然资源，如果利用和保护不当，某些资源就会衰退，甚至枯竭。

4. 有限性

农业自然资源的数量是有限的，如土地的面积、水的储量、达到地面的太阳辐射能量等，在一定区域、一定时间内都有数量的限制。同时，农业自然资源的利用也有其局限性。某种形式的资源，可能只适宜某种利用，而不适宜他用，否则就不能发挥其效用。这些将直接影响到各种资源的经济价格。越是稀缺的资源，其价格就越高。

5. 自然及社会经济性

农业自然资源在没有被人类开发利用之前，只具有自然的属性。而一旦被人类开发利用，投入到生产过程后，就具有了社会经济属性。

农业自然资源依据不同的标准可划分为不同的类型。例如，按照与人类社会生活和经济活动的关系可以把农业自然资源划分为农业气候资源、农业土地资源、农业水资源、农业生物资源和农用能源五大门类。再如，依据资源的属性，农业自然资源可分为可更新资源和不可更新资源。太阳辐射、水力、风力、地热和各种生物构成的资源，属可更新资源。它们能连续不断地或周期性地被产生、补充和更新。不可更新资源缺乏这种补充和更新能力，或者其补充和更新周期相对于人类历史来说是太长了。如煤、石油、磷矿等都属不可更新资源。深层地下水的补充和更新常常较缓慢，特别是在干旱地区。

（二）农业自然资源管理及其重要性

农业自然资源管理是指对农业自然资源进行综合性的调查、监测、评价、区划、规划，以农业可持续发展为目标，对农业自然资源的开发、利用与保护进行协调和监督。农业是严重依赖自然资源的产业，随着人口的增加和人们生活水平的提高，社会需要更多的农产品，迫使人们要提高对农业自然资源的利用强度，然而，现代农业的发展却使各种重要的农业自然资源日益减少和退化。因此，处理好农业自然资源利用与保护的关系，是关系到农业可持续发展、人类社会持久生存的根本问题，也是农业自然资源管理的核心问题。下面主要介绍土地、水资源的管理。

二、农业土地资源管理

（一）土地资源的概念与自然特性

1. 土地资源的概念

土地，在经济学上是指地球上的陆地和水域以及与之相联系的土壤、气候、地貌、岩石、水文、植被等因素组成的自然历史综合体。

土地资源是指土地作为自然要素，于现在和可预见的将来，能为人们所利用并能产生经济效益的那部分土地。从发展的观点看，一些难以利用的土地，随着科学技术的发展，将会陆续得到利用，在这个意义上，土地资源与土地是同义语。

2. 土地资源的自然特性

土地是自然历史形成的，存在以下自然特征。

①土地面积的有限性。土地是地球的陆地部分，土地面积具有不可再生性。

②土地位置的固定性。每一块土地都有固定的空间位置，不能移动。

③土地质量的差异性。由于土地自身条件及相应的气候条件的客观差异，而造成了土地质量的差异性。

④土地利用的永续性。土地作为农业生产的基本生产资料，只要合理利用，地力就可以不断提高，并永续利用。

（二）土地资源的经济特性

土地资源的经济特性是以土地的自然特性为基础的，综合起来主要有以下几个方面。

1. 土地资源供给的稀缺性

随着人口增长和社会经济的发展，对土地的需求量越来越大，土地供给与需求之间矛盾日益尖锐。

2. 土地资源用途的选择性

土地位置的差别使其经济用途具有了较强的选择性，人们在利用土地时，必须根据土地自身的自然环境条件和所处的社会经济条件的适宜性进行区位选择，发展最适宜的生产项目，以获取最大的经济效益。

3. 土地利用方向变更的困难性

同一块土地往往有多种用途，一旦开发利用投入某项生产之后，要改变其利用方向是十分困难的，还会造成巨大的经济损失。另外，土地利用方向变更的困难也决定了农产品的供给价格弹性较小，农业生产不能迅速地适应市场价格的变动进行调整。

4. 土地报酬递减性

在一定的科学技术水平下，在一定面积的土地上，连续追加投资，当投入超过了一定限度时，便产生报酬递减的现象。这一特性称为土地报酬递减规律，它要求在对土地增加投入时，必须寻找投入的适合度。

5. 土地利用后果的社会性

土地是一个自然综合治理整体，其利用的结果，不仅影响本地区内的自然生态环境和经济效益，而且可能影响到邻近区域甚至整个国家和社会的生态环境和经济效益，产生巨大的社会效果。

（三）我国土地资源的特点

1. 土地总量大，人均占有量小

我国土地总面积为 9.6 亿 hm^2，为全球陆地面积的 6.4%。但我国人口众多，人口平均占有的土地资源数量很少，人均占有土地只有 0.72 hm^2，仅为世界平均水平的 1/3；人均占有耕地面积只有 0.09 hm^2，仅为世界平均水平的 40%。

2. 土地资源复杂多样

我国的土地，从平均海拔 50 m 以下的东部平原，到海拔 4000 m 以上的西部高原，形成平原、盆地、丘陵、山地等错综复杂的地貌类型；从南到北经历了从热带、亚热带到温带的热量变化，从东到西经历了从湿润、半湿润、半干旱的干湿度变化。在这广阔的范围内，不同的水热条件和复杂的地质、地貌条件，形成了复杂多样的土地类型。

3. 山地多，平原少

我国的山地、高原、丘陵占国土面积的 69%，而平原、盆地只占 31%。与世界上国土面积较大的国家如加拿大、美国、巴西等相比，我国的山地面积占国土面积的比重较大。

4. 农用土地比重小，分布不平衡

我国土地面积大，但可利用的农用土地面积仅占土地总面积的 70%，且分布极不平衡。90% 以上的农用土地分布在东部和东南部地区。

5. 土地后备资源潜力不大

目前我国绝大部分宜于耕作的土地已被开垦利用，剩余的宜于耕作的荒地不多，且大部分开垦成本高,在开发利用上存在很多障碍。

(四)土地资源管理的任务及原则

土地资源的可持续利用是农业经济可持续发展的基础,要有效地保护我国的土地资源,客观上要求国家对土地资源实行有效的管理。

土地管理是国家在一定的环境条件下,综合运用行政、经济、法律、技术方法,为提高土地利用的生态、经济、社会效益,维持在社会中占统治地位的土地所有制,调整土地关系,监督土地利用,而进行的计划、组织、控制等综合性活动。

1. 土地资源管理的基本任务

我国土地资源管理的基本任务是维护社会主义土地公有制及土地所有者和使用者的合法权益,保护、开发、合理利用土地,切实保护耕地,促进社会经济的可持续发展。

现阶段,土地管理的具体任务是:加强耕地保护,实现耕地总量的动态平衡;加强土地资源的调查评价和科学规划;加强土地资源信息系统建设,实现信息服务社会化;深化改革,建立适应社会主义市场经济的管理新体制、新机制;健全法制,依法行政,实现土地管理秩序的根本好转。

2. 土地资源管理的原则

土地管理应遵循以下基本原则。

一是正确处理国家、集体、个人之间关系的原则。在我国,国家、集体、个人的根本利益是一致的,但在土地利用的一些具体问题上,各方利益也常出现不一致的现象。例如,占地盖房的问题,作为单位和个人希望占用交通便利、离城镇较近的土地;作为国家则要求节约用地,并尽量利用荒地、劣地、旧宅基地。土地管理必须在保证国家长远利益、全局利益的前提下,本着既要保证14多亿人口的吃饭用地,又要保证各项建设用地的方针,正确处理好国家、集体、个人之间的土地分配和利用关系,以使土地利用的总效益最佳。

二是坚持生态、经济、社会三效益统一的原则。从全局的、长远的观点看,三效益是一致的,具有良好生态效益的土地利用,必然也会取得良好的经济效益和社会效益。但在土地利用中,常常出现只重视当前经济利益的短期行为,其严重后果,在当时并不明显,而是经过一段较长时间才暴露出来,在人们注意到时,为时已晚,如果补救,需付出高昂的代价。因此,土地管理工作必须从长远利益出发,在土地利用上,坚持生态、经济、社会三效益统一的原则。

三是坚持依法、统一、科学地管理土地的原则。土地是国家和全社会的财富,只有将土地管理纳入法治轨道,依法管理,才能有效地维护社会主义公有制和保证土地的合理利用。土地利用涉及城乡土地和各行各业用地,为了避免在管理上的政出多门、互相扯皮的混乱局面,必须对全国城乡土地实行统一管理,做到统筹兼顾城乡各部门、各行业对土地的需求,协调各部门、各行业的土地关系,提高土地管理的效率。土地是自然历史综合体,又是生产资料,因此,必须根据土地利用的自然、经济规律,采用先进的科学技术,科学地管理土地。

(五) 土地资源管理的内容

土地管理的基本内容由地籍管理、土地权属管理、土地利用管理、土地市场管理四大部分构成。

1. 地籍管理

地籍管理是指国家为获得地籍信息,科学管理土地,而采取的以土地调查、土地分等定级估价、土地登记、土地统计为主要内容的综合措施。

土地调查是以查清土地的位置、利用类型、数量、质量和权属状况而进行的调查。根据土地调查的内容侧重面不同,可分为土地利用现状调查、地籍调查和土地条件调查。

土地分等定级是在特定目的下,对土地的自然属性和经济属性进行综合鉴定,并使鉴定结果等级化的过程,是以获得土地质量状况和基准地价为目的的一项地籍管理工作。其中,农用土地分等定级估价则是根据农用土地的质量或综合生产能力及其在社会经济活动中的地位和作用,综合评定农用土地等级和基准地价。

土地登记是国家依照法定程序将土地的权属关系、用途、面积、质量等情况记录于专门的簿册,并向土地所有者和土地使用者颁发土地证书,以确认土地所有权或者使用权的法律制度。

土地统计是国家对土地数量、质量、分布、利用和权属状况进行的调查、汇总、统计分析和提供土地统计资料的制度。

2. 土地权属管理

土地权属管理是国家为合理组织土地利用、调整土地关系而依法对土地所有权和使用权进行的科学管理。我国实行土地公有制,即全民所有和集体所有。在农村普遍实行了土地承包制,土地所有权依旧归集体所有,农户通过承包土地取得了土地使用权。

农村集体土地承包经营管理是指在土地承包经营合同的履行中,发包方对承包方使用土地和履行合同义务的情况依法或者依照合同约定予以监督检查的行为。其目的是保证土地的正当使用和土地承包经营合同的顺利履行。农村集体土地承包经营管理的内容主要有以下三个方面：一是对承包方使用土地的管理。发包方依法对承包方使用土地的情况予以监督管理，对增加投入、整修土地，提高地力者，予以奖励；对掠夺式经营或因土地失修导致水土流失以及弃耕撂荒者给予处罚，乃至收回承包的土地。二是对承包方转包和转让的管理。法律规定，承包方的转包和转让必须经过发包方的同意。发包方要依法对转包、转让的内容和第三人进行审查。对不符合法律规定的转包、转让，发包方有权解除合同，收回承包的土地。三是对承包方履行合同义务的管理。发包方有权对承包方履行合同义务的情况进行监督检查，对承包方不按合同约定履行义务的，发包方有权解除合同，并追究承包方的违约责任。

农村集体土地使用权流转是指农村集体土地使用权在不同的主体之间的流动和转移，主要有转包、租赁、"四荒"拍卖、反租倒包、转让和入股等几种流转形式。农村集体土地使用权流转管理应遵循因地制宜的原则、依法和自愿的原则、平等和有偿的原则。

3. 农地利用管理

农用地是土地资源的重要组成部分，主要包括耕地、林地和草地。

（1）耕地利用管理

保持耕地供需平衡是土地利用管理的一项十分艰巨的任务。实行"耕地总量动态平衡"，就是要确保省、自治区、直辖市行政区内耕地总量不减少；实行基本农田保护制度，指按照一定时期人口和社会经济发展对农产品的需求，依据土地利用总体规划确定的长期不得占用的耕地。基本农田保护区确定后，除特殊情况须经国务院批准外，任何单位和个人不得占用保护区内的耕地，也不得改变保护区的界限；提高耕地利用集约度，合理利用耕地，提高耕地质量；建立耕地预警系统，对耕地的未来状态进行预测，预报不正常状态的时空范围和危害程度并提出防范措施。

（2）林地利用管理

因地制宜扩大森林覆盖面积。要充分利用一切荒山、荒地，铁路、公路两侧，江河两岸和田间空地大力植树造林，扩大森林覆盖面积，发挥林地的综合效益；加强对森林采伐的管理监督。要根据用材林的消耗量应低于生长量的原则，严格控制森林采伐量；加强森林保护。

（3）草地利用管理

实行草地产权股份化，促进生产方式和经营方式现代化；因地制宜，多方式保护和利用草地资源；积极发展草地林业，使草地生态经济系统的产出稳定并逐步实现高产优质高增值；完善草原管理的法治建设，严禁对草原的破坏行为；加强畜牧业的科学管理，实施禁牧舍饲；加强草原资源的科学研究；加强各类草原自然保护区的建设；加强退化草场的治理和草原建设。

三、农业水资源的管理

（一）水资源的概念

水资源通常是指对一个国家或地区来说具有经济利用价值并可以不断更新的那部分淡水量，包括地表水、土壤水和地下水。大气降水是恢复和更新水资源的基本来源。水资源是一种有一定限量、无法替代、极易受污染的宝贵资源。

水是农业的命脉。当前，水资源短缺的矛盾已被世界各国视作与粮食、能源等相提并论的一个社会经济问题。

（二）我国水资源的分布及其特点

1. 总量多、人均占有量少

我国陆地水资源总量为 28124 亿 m^3，居世界第 6 位。但由于人口多，按 2000 年资料计算的人均水量却只有 2142 m^3，仅相当于世界人均水量的 1/5；每公顷耕地占有水量 20851 m^3，仅相当于世界平均数的 60%，是世界上 40 多个缺水国之一。

2. 地区分布不平衡

我国陆地水资源的地区分布是东南多、西北少，由东南向西北逐渐递减。地下水的分布也是南方多、北方少。占全国国土 50% 的北方地下水只占全国的 31%。

3. 季节分布不均匀，年季变化大

我国大部分地区全年降水量的 1/2~2/3 集中在夏秋之交，其他时间雨量很少。同时不同年份之间的降水量差别较大，尤其是北方地区这种情况更加突出。

（三）水资源的合理配置与利用

1. 完善管理体制和管理组织机构，加强水资源的统一管理

水资源管理应把一定范围内的水以及水体周围的陆地作为一个整体来考虑，按照水循环的自然规律和水资源具有多种功能的特点建立水资源统一管理机构，以改变"多龙治

水"的分散局面，加强对水资源的统一管理。建立国家的统一管理机构，组织和协调有关部门对水资源进行综合管理；按照水系、流域或地理区域建立区域性水资源管理区，对管辖范围内水资源开发利用、水质和水量进行监督和保护。

2. 完善水资源有偿使用机制，促进节约用水

水资源既然是一种重要的经济资源，就应该在水资源配置和利用过程中让市场机制发挥基础性作用。随着我国城市化和工业化水平的提高，城市居民和非农产业对水的需求必然大量增加，水的供给价格应该参照供给成本加平均利润加以核定，通过价格机制调节城市居民和非农产业对水的需求。可考虑通过政府收取水费的办法，来调节农村和农业用水量。从农业可持续发展的角度考虑，对农业的某些用水收取水费，将有利于节约用水。收取的水费应用于补贴节水灌溉的设施和设备，从而促进节水农业的发展。

3. 对水资源配置和利用进行利益调节或补偿

我国水资源在地区和季节的分布上严重不均，要充分利用水资源就要对水资源进行重新配置。一般来说，水资源的重新调配，收益多发生在用水区，成本则多发生在水源区，造成了不同地区之间经济利益的得失不同。因此，对水资源配置和利用进行利益调节或补偿有利于合理利用水资源，实现农业的可持续发展。

4. 防治污染，保护水资源

抓好水资源的保护，应贯彻"预防为主"方针。要加强水质监测，掌握水污染的动向和规律，查清污染源；全面实行排放水污染物总量控制，推行许可证制度，实现水量与水质并重管理。对排污严重又无条件防治的企业，要实行关停并转；调整现有水污染防治的经济政策，进行多学科、多途径的水资源综合开发利用和治理。

5. 加强水利工程建设，积极开发新水源

水资源具有时空分布不均衡的特点，因此，必须加强水利工程的建设，如修建水库、人工回灌等解决水资源年际变化大，年内分配不均的问题，使水资源得以保存和均衡利用。同时，国家要做好水资源利用的宏观调控，在地域上进行合理调配。

6. 推广使用农业高效用水技术

发展节水农业，除了经济、行政和法律的措施以外，还必须大力推广使用农业高效用水技术，如喷灌、滴灌和微灌技术以及耐旱高产作物等。

第二节　农业劳动力管理

一、农业劳动力的概念与特点

（一）农业劳动力的概念

农业劳动力一般是指能参加农业劳动的劳动力数量和质量。农业劳动力的数量，是指农村中符合劳动年龄并有劳动能力的人的数量和不到劳动年龄或已超过劳动年龄但是实际参加劳动的人的数量。农业劳动力的质量是指农业劳动力的体力强弱、技术熟练程度和科学、文化水平的高低。农业劳动力的数量和质量因受自然、社会、经济、文化教育等各种因素的影响而处于不断变化之中。

（二）农业劳动力资源的特点

农业劳动力资源与其他生产资源相比，具有以下特性。

1. 流失性

劳动力这种资源的服务能力（即劳动力）不能储藏。如果某一时间不予利用，则该一时间中可以利用的能力即自行消失，不能储藏为另一时期所用。

2. 可再生性

只要利用得当，劳动力资源是可以不断得到恢复和补充的。这一特性要求劳动力资源的再生产必须与社会再生产的其他方面协调一致。

3. 两重性

劳动力作为劳动者，一方面可通过劳动创造社会财富；另一方面又是消费者，需消费生活资料。当劳动力不能与生产资料相结合时，他便成为纯粹的社会财富的消费者了。

（三）农业劳动力在农业发展中的重要作用

劳动是一切社会存在和发展的最基本条件。任何社会的一切社会财富，都是人们从事生产活动的结果，是人类劳动与自然界相结合的产物。没有农业劳动，就没有农业的存在与发展，也就没有整个国民经济或社会的存在与发展，因此，农业劳动是农业及整个国民经济和社会存在与发展的基础。

重视劳动力在农业发展中的重要作用，对我国来说具有特别重要的现实意义。我国农业劳动力规模巨大，而劳动力既是重要的生产要素，又是消费者，如果能充分合理地利用好这丰富的农业劳动力，就能促进农业的更快发展，如果不能充分合理地利用，就会成为农业和整个国民经济发展的沉重负担。因此，必须认真研究解决好农业劳动力的充分合理利用问题。

二、我国农业劳动力资源分析

（一）我国农业劳动力资源利用上的特征

1. 劳动力总量过剩

随着人口的不断增长，城镇吸纳农村劳动力的速率下降，在一个相当长的历史时期内，农村中必将存在着大量的剩余劳动力。所谓剩余劳动力是指在现实的社会经济条件下，农业劳动力的供给大于农业生产经营合理需求的那一部分劳动力。表现为两种情况：一是常年性的剩余，即常年都是多余的劳动力；二是季节性剩余，即在农闲季节多余的劳动力。

第一，中西部地区农村剩余劳动力较集中。我国剩余农业劳动力大部分集中在粮棉主产区和中西部欠发达地区。

第二，存在结构性短缺和季节性短缺。由于各地经济发展不平衡，加上农业生产存在季节性特点，在整体上存在大量剩余农业劳动力的同时，在一些地区或部门和在一定时限内又存在农业劳动力的相对不足。

第三，农业剩余劳动力以体力型为主。在农业劳动力的知识和技术结构上，文化层次较高、技术与业务能力较强的农业劳动力严重不足，大量的剩余劳动力主要是文化层次较低、缺乏专业技术或业务特长的体力型农业劳动力。

2. 农业劳动生产率低

长期以来，大量劳动力人口滞留农村务农，70%～80%的人只生产了20%多的产值，也就意味着极低的农业劳动生产率。通过改革，农业劳动力大量转向非农产业，农业劳动生产率有所提高，但仍远远低于其他非农产业。

（二）评价劳动力资源合理利用的指标

反映农业劳动力利用情况的指标主要有劳动力利用率和劳动生产率。农业劳动力利用率是衡量农业劳动力实际参加农业生产程度的指标。在一定的劳动力资源和劳动生产率的条件下，劳动力利用率越高，其为社会生产的农产品就越多。

劳动生产率是衡量劳动者从事生产劳动的能力指标。农业劳动生产率一般用每个农业劳动者在单位时间内生产的农产品产量或产值来表示，也可用生产单位农产品消耗的劳动时间来表示。农业劳动生产率的提高，意味着单位农产品所包含的劳动量减少，或每个劳动力在单位时间内能生产出更多的农产品。

三、农业劳动力资源的管理

（一）发展农业集约经营，提高农业劳动力的利用率

1. 加强农业农村基础设施建设，增加农民就业机会

结合美丽乡村建设，政府应继续增加对农业农村的公共基础设施建设的投入，如节水灌溉、人畜饮水、乡村道路、农村沼气、农村水电、草场围栏等"六小工程"和文化生活服务设施建设。同时，各地要从实际出发，因地制宜地开展雨水集蓄、河渠整理、牧区水利、小流域治理、改水改厕和秸秆气化等各种小型设施建设。另外，应继续搞好天然林保护、退耕还林还草和湿地保护等生态工程建设。在开展上述工程时，政府可以采取以工代赈的形式动员当地农民参与，提高农业劳动力的利用率。

2. 发挥资源优势，依赖农业科技，大力发展劳动密集型农产品

我国的农业生产要素禀赋特点是土地稀缺而劳动力丰富，所以应根据农业生产资源情况和市场需求情况，制订规划，加强宏观指导，有计划、有组织地指导农民种植市场需求量大的劳动密集型农产品。现时期，在进行农村产业结构调整，提高农业多样化指数和复种指数的同时，面对农产品市场开放环境下，国外优质廉价农产品大举进入所带来的压力，我国农业应切实注重提高农产品的科技含量，发展绿色农业，实现精品农业，改粗放式经营为精耕细作，改追求产量为追求质量。这样，既可以增加单位耕地面积的农业劳动力的投入，又可以增加农民收入。

3. 加快发展农业产业化经营，拉长产业链条，吸纳更多的农业劳动力

不管哪种所有制和经营形式的龙头企业，只要能带动农户，与农民建立起合理的利益联结机制，都要在财政、税收、金融等方面给予支持。

（二）加快农业剩余劳动力的转移

1. 我国农业剩余劳动力转移的特点

改革开放以前我国农业剩余劳动力转移量甚少，改革开放后转移速度加快，近年来，我国农业富余劳动力转移就业呈现出新的特点。

第一，转移就业规模不断扩大，增速有所放缓。

第二，从事第三产业的农民工比重在逐渐提高。

第三，农业富余劳动力转移就业的组织性有所增强。近年来，一些地方通过开展农业富余劳动力转移就业培训，实行订单式培训，将培训与就业结合起来；还有一些地方在输出地与输入地之间建立有机联系，创立了很多劳务品牌，农业富余劳动力外出务工的盲目性进一步减少。

2. 农业富余劳动力转移就业面临新形势

目前我国正处于经济转型升级的关键时刻，经济增长速度放缓，经济质量进一步提高。在提高发展质量的过程中，农业富余劳动力转移就业也面临很多新形势。以下三个问题尤其突出。

（1）农业富余劳动力在城镇能否得到充足的就业机会

我国目前依然处于城镇化的中期阶段，农业富余劳动力还在不断地向城镇和大中小城市转移，虽然速度有所放缓，但总规模依然在扩大。预计这一增长趋势还会延续一段时期。随着规模的扩大和原有规模的较大基数，农业富余劳动力转移就业的压力将长期存在。在新的经济发展形势下，我国面临着经济结构和产业升级后对劳动者数量需求的减少和质量要求的提升，原来的某些传统就业岗位会大量减少，农业富余劳动力在城市的就业机会将会受到不同程度挤压，会面临就业压力和失业风险。

（2）农业富余劳动力还存在劳动技能和素质难以适应新形势要求的困境

随着大中型企业去过剩产能、促结构转型的进一步深化，一些附加值较低的行业和项目将会被淘汰，不可避免地使一部分劳动者面临失业。由于很多产业工人学历较低，掌握的技术比较单一，很难适应产业转型后新兴产业的技术需求，从而较难在新兴产业中实现就业。

（3）农业富余劳动力转移就业的质量值得关注

由于户籍制度和其他相关制度的不完善导致农业富余劳动力在福利待遇、权益保障、医疗养老、就业服务等方面难以享受到与城镇职工同等的待遇。农业富余劳动力在城市就业,却游离于城市的社会管理和服务之外,这在很大程度上影响了农业富余劳动力转移就业的稳定性。目前我国农业富余劳动力转移就业还是候鸟式模式。他们中的绝大部分人没有完全脱离农业生产,通常是农忙时务农,农闲时出来务工,属于"钟摆式"的转移方式。有的虽然完全脱离了农业生产,但身份依然是农民,并没有融入市民群体,形成了春节后离家、春节前回家的候鸟式转移。由于这种情况的存在,他们始终是产业工人中的"游击队",而无法成为"正规军",无形中增加了农业富余劳动力转移就业的成本。

造成这种状况的主要原因是户籍制度的存在。我国现行的户籍管理制度是特定社会条件下的产物,它在某个阶段对社会管理起过一定作用,但是已经不适应目前社会经济发展的需要。户籍制度人为地把城市和农村隔离开来,切断了生产要素的合理流动。时至今日,虽然户籍制度改革一直在进行,一些城市也逐渐放宽了落户条件,但是城乡二元机制仍然没有被完全破除,户籍上仍然附着了一些不平等的福利待遇,所有这些都严重阻碍了农业富余劳动力的合理有序转移。

3. 加快农业剩余劳动力转移的途径

未来在解决农业富余劳动力转移就业的问题上,关键是要完善制度保障体系,提高农业富余劳动力就业质量。着力做好以下几个方面的工作。

第一,在经济发展和产业结构升级过程中,既要保证经济发展的质量,同时也要把扩大就业、保证充分就业作为国家的重大战略常抓不懈。只有创造了更加充足的就业岗位,才能既保障城镇户籍劳动者的就业,同时又为农业富余劳动力转移就业留有余地。加强制度保障是关键。城乡二元体制依然是制约农业富余劳动力转移就业的根本障碍,因此应加快城乡二元体制改革,促进城乡协调发展,同时加快户籍制度改革,有序推进农业转移人口市民化,努力实现城镇基本公共服务常住人口全覆盖。

第二,继续加大对农业富余劳动力在岗位技能方面的培训,提高他们的职业素质,以满足新形势下工作岗位对劳动者就业技能的要求,提高他们的就业成功率。提高劳动力素质的根本是加强基础教育,应当将办好农村基础教育作为各级政府政绩考核的目标。另外,不断加大职业技术教育的经费投入,有针对性地开展农民职业技能培训,增强农业富余劳动力的竞争力。

第三,切实推进农业转移人口市民化的进程,保障农村劳动力的就业权益,提高农业富余劳动力在城镇的就业质量,增加工作的稳定性。导致农村劳动力候鸟式转移的一个重要原因就是社会保障还不够完善,农民依然将土地视为自己的最后保障。如果能为这些农民提供相当于土地保障功能的生活保障,这些转移的农业富余劳动力就会在没有后顾之忧的前提下真正扎根城市。

(三) 提高农业劳动生产率

1. 提高农业劳动生产率的重要意义

第一，提高农业劳动生产率是发展农业生产的根本途径。通过提高劳动生产率，可以在现有条件下增加社会财富。在追加活劳动和物化劳动条件下，则能产生更大的效果。

第二，提高农业劳动生产率是增加积累和提高农民物质文化生活水平的决定条件。只有提高农业劳动生产率，才能降低单位农产品的成本，提高收益，增加积累；才能使农民缩短体力劳动时间，来从事文体娱乐活动，提高科技文化素质和生活质量。

第三，提高劳动生产率是保证农业剩余劳动力持续转移的前提。一个没有新的农业技术进步的农业，是停止萎缩的农业，它将引起非农产业工资成本的急速上升，从而限制非农产业的发展，使非农产业吸收农业剩余劳动力的过程处于停止状况，解决这一问题的唯一途径就是提高农业劳动生产率，保证农业迅速增长到足以满足越来越多的非农产业劳动力对农产品的消费需求。

第四，只有提高农业劳动生产率，才能更好地发挥农业作为国民经济基础的作用。提高农业生产率，一方面可以使农业劳动者提供更多剩余农产品，更好地满足国民经济其他部门的需要；另一方面可从农业中解放出大量劳动力，满足国民经济其他部门的需要。

第五，农业劳动生产率是衡量农业现代化水平的根本标志。劳动生产率高意味着农业科学技术水平、农业机械化、水利化、农业经营管理水平以及农民的科技文化素质较高，农业现代化程度随之较高。

2. 提高农业劳动生产率的途径

（1）改进劳动力使用的物质技术装备

在农业中，采用现代化的机器、设备及化肥、农药等生产资料，可以大大节约劳动力和有效提高单产。但是，我国农业中存在劳动力过剩的情况，因此使用机器设备，必须在地区和作业项目上进行选择，力求使物化在机器中的劳动量低于它所能代替的劳动量中的必要劳动部分，并使被取代的劳动力也能得到合理安排。

（2）合理利用自然资源与环境

农业劳动生产率是同自然条件紧密联系在一起的，因此，应该认识和利用自然规律，因地制宜的布局农业生产，开展农业基本建设，改善生态环境，保持生态平衡，通过人的劳动进一步改善自然力，从而提高劳动生产率。

（3）提高劳动力的科技水平

提高农业劳动生产率，归根结底必须依靠科学技术。一切先进的农业科技，只有真正武装了农业劳动者，才能成为现实的生产力。而我国农民普遍受教育程度低，整体素质不高，因此，要大幅度地提高农业劳动生产率，就必须加强对农民的智力投资，提高农民的科学文化素质。

（4）调动农民务农的积极性

农民的生产积极性是提高农业劳动生产率的根本保证。为此，国家和各级地方政府要不断完善和落实各项农业政策，进一步调动农民的劳动积极性。

（5）促进生产的专业化

在稳定农业家庭承包经营的基础上促进生产的专业化，适当扩大经营规模。农业专业化生产和规模经营与"小而全"的农业家庭经营相比，更有利于先进科学技术和农业机械在生产过程中的推广和使用。因此，我们应按照自然规律和经济规律的要求，加强劳动管理，改善劳动组织形式，使农业自然资源、生产工具在现有条件下得到最佳结合，实现农业劳动生产率的提高。

第三节　农业科学技术管理

一、农业科学技术管理概述

农业科学技术是农业科学与农业技术的总称。农业科学是建立在农业生产经营实践和实验的基础上并加以严密论证的，有关农业自然生产与经济再生产过程的本质特征和运动规律的知识体系。农业技术是指人们在生产经营活动的实践中，在科学原理的指导下总结、积累、发展而成的操作方法、技能和技巧。农业科学和农业技术既有区别又有紧密的联系。农业科学着重于认识，农业技术着重于应用。农业技术是农业科学产生和发展的重要基础，农业科学是农业技术进步的基本前提。

农业科学技术管理是指对农业科学技术的研究、实验、开发、推广、技术方案的实施、技术经济效果以及技术教育和培训等一系列工作的管理。

（一）现代农业科技发展的任务

科学技术是第一生产力，现代农业科技是现代农业发展的强大动力。21世纪我国农业科技发展的主要任务是：为农产品增产特别是粮食安全提供可靠的技术保障；为调整农业和农村经济结构、提高农业整体效益、增加农民收入提供强有力的技术支撑；为生态环境建设提供全面的技术服务；为提高我国农业国际竞争力提供坚实的技术基础。

（二）现代农业科技发展的重点

1. 实施作物良种科技行动，促进种植业结构调整

以优质高产作物新品种选育及其产业化为重点，加快种植业结构战略性调整；开发节本增效技术，发展优质高产高效种植业，促进种植业生产和产品标准化、布局区域化、经营产业化。

2. 实施优质高效畜牧水产科技行动，加速养殖业规模化、产业化、标准化进程

开展畜牧水产优良品种选育、饲料开发、生产设施设备研制、疫病综合防治等技术研究，加快畜牧水产业的专业化、规模化生产；建立健全畜禽水产品质量检测体系，推动畜牧水产业全面发展，大力开拓国际市场。

3. 实施农产品加工科技行动，培育新的农村经济增长点，增加农民收入

加速农产品加工业科技进步，推动加工原料基地建设，实现生产规模化、技术装备现代化，大幅度提高资源综合利用率和农产品附加值。培育区域性支柱产业，继续建设好星火技术密集区，带动农业产业升级。

4. 充分利用生物的遗传潜力，重视资源与环境问题

研究开发天然林保护与恢复、水土保持、退耕还林还草和节水灌溉技术和设备，为改善生态环境，实现农业可持续发展提供技术支撑。

5. 实施农业高新技术研究与产业化科技行动，推进传统农业技术的改造，提高农业科技整体水平

以生物技术、信息技术为重点，加强农业高新技术研究与开发，培育一批具有自主知识产权的农业科技企业，带动农业产业升级，大幅度提高我国农业国际竞争力。

6. 实施农业区域发展科技行动，开发区域优势产业和发展特色农业

加快西部地区农业结构的调整，应用先进科技推进优势资源的合理开发和深度加工，促进农村经济的稳定发展；建立具有西部特色的农业科技产业示范基地和区域性支柱产业，带动西部经济发展。

7. 实施农业科技能力建设行动，增强我国农业科技的实力和后劲

通过国家基础性重大项目计划、攀登计划、国家自然科学基金等多种途径，切实加强农业基础研究和基础性工作，不断提高我国农业科技的自主创新能力。

8. 实施人才培养科技行动，增加人力资本

加速造就一支由学术带头人、农业技术推广人才、农业科技企业家、高素质农民和农业科技管理人才共同组成的农业科技队伍。

（三）农业科学技术管理的特征与内容

1. 农业科学技术管理的主要特征

第一，与生产实践联系的紧密性。科学技术管理工作必须从生产实践出发，一切科技成果来源于生产实践，反过来又要为生产实践服务。

第二，超前性。科学技术要走在生产发展的前面，为未来的生产发展开拓道路，这就决定了科学技术管理必须具有超前性。

第三，长远性和预见性。科学技术的研究与开发周期较长，而科技发展速度又较快。因此，在管理上要有长远的观点和预见性，正确把握农业科学技术发展的趋势，以实现农业科学技术的不断进步。

第四，技术先进性与经济合理性的结合。在农业技术管理中一定要使科学技术的先进性与经济上的合理性有效结合起来，使科学技术产生最大的经济效益、社会效益和生态效益。否则，任何先进的科学技术都难以推广应用。

第五，农业科学技术管理必须符合国家发展科学技术方针、政策及具体规定。

2. 农业科学技术管理的内容

第一，农业科学技术研究的管理，包括研究机构、实验室、实验场地设置、研究项目、研究手段以及研究人员的管理。

第二，新技术及新产品的开发管理，包括技术开发、规划的制订、技术方案的选择、技术引进、技术经济评价及推广应用等。

第三，技术改造及设备更新的管理。

第四，科学技术信息、档案资料及技术标准的管理。

第五，建立与完善技术岗位责任制、技术考核和技术奖惩制度等。

第六，开展农业科学技术教育和人员培训，不断提高劳动者科学技术水平。

二、农业科学技术创新

农业的发展，最终要依靠农业科技的进步与创新。农业科技创新是一个农业科学技术知识的创造、流通和应用的过程。只有构建起完善的农业科技创新体系，才能有农业科技理论与知识、农业新技术的不断创新，才能加快农业技术进步的步伐。

（一）农业科技创新的主要任务及方向

农业科技创新的主要任务是：加快农业发展中关键技术的创新和推广应用。加强信息技术、生物技术和传统农业技术的结合，研究开发一大批关键技术，特别是在优良品种培育和旱作节水农业两大领域集中力量尽快实现新的突破，为新阶段农业发展和实现农业现代化提供强有力的科技支撑。

农业科技创新要把握好以下方向：有利于促进科技与经济的紧密结合；有利于促进农业科技产业的发展；有利于科技持续创新能力的提高；有利于提高农业科技人员的整体素质。

（二）加快农业科技创新体系建设的途径

加速我国农业科技创新体系的建设应从创新机构、创新基地、创新机制、创新资源和创新环境五个方面入手。

1. 创新机构

创新机构是创新活动的行为主体，主要组成单位是农业企业、科研机构和高等院校、教育培训机构、中介机构等。为了实现创新目标，应改革农业科研机构的布局，实行分类管理。对部分公益型的科研院所实行事业单位企业化管理；对多数科研院所应面向市场，放开搞活，使之逐步转变为科技型企业或中介机构。强化农业教育的改革与发展，加强重点学科建设，加快系统内外的联合与共建。积极推动科研院所和高等院校以不同形式进入企业，以及重大工程项目或与企业合作、共建；企业及重大工程项目要通过引进、消化、吸收，加强技术开发和技术改造，研究开发新技术、新产品，特别是高新技术产品，使企业尽快成为科研开发和投入的主体；提高企业的技术创新能力，真正实现农科教、产学研一体化。

2. 创新基地

第一，扶持一批科技先导型农业企业，作为技术创新基地。

第二，在深化科研院所改革的基础上，本着少而精的原则，逐步建立一批国家级或区域性研究中心，作为知识创新基地。

第三，加强国家级、省部级重点实验室的建设。

第四，加强国家级、省部级工程中心的建设，推进农业产业技术进步。对现有国家级工程中心，加强指导，强化管理，提高技术创新能力。

第五，加强重点学科建设。

第六，加强科技示范基地的建设。

第七，创建高新科技园区。采用设施农业和生物技术等现代科学技术，在经济发达地区与地方联合共建高新科技园区。

第八，建设科技信息网络。以国家级农业科技主管机构和科研院所为中心，与农业高等院校、各省（自治区、直辖市）农业科技主管部门、科研院所、推广中心、质检站、各类基地实行联网；建设农业科技管理数据库。

3. 创新机制

改革科技管理体制，建立与国际接轨并有我国特色的"开放、流动、合作、竞争"的高效运行机制和现代科研院所管理制度。

第一，在人事方面引入公平竞争机制，实行全员聘用制，同时应积极创造条件建立"科研人员聘任年限制度"和"科研院所研究理事会制度"，实行首席专家负责制。

第二，在分配上引入激励机制，院所长逐步实行年薪制，科技人员的报酬与业绩挂钩。对做出突出贡献的科技人员实行重奖制度和知识产权保护制度。

第三，在科研项目、课题及承担单位的选择方面，引入公开、公正的运作机制，采取资格认定招标竞争方式。

第四，在成果转让方面引入科学的评价监督机制，对科研机构、科研人员和科技成果进行科学评价，以利于科研成果按照市场经济规律供需直接见面或通过中介组织实行有偿转让。

4. 创新资源

创新资源是创新活动的基础条件，包括人才、资金、自然资源和信息资源等。我国农业科技人才数量不足，质量不高，且分散、流失现象严重。因此，必须抓紧分层次培养各类科技人才，特别是要重点培养有知识、懂经营、会管理的复合型科技人才和学术技术带头人。在资金投入上，应以市场配置为基础，改革现行的单一投入体制，建立以国家投入为主的多元化科技投入体制，同时要引导企业和金融机构增加对农业科技的投入。提高资源利用效益是科技创新活动的根本目的，我国生态环境恶化的趋势是农业科技创新要着力解决的核心问题。农业本身经济实力不强，产业发达程度不足，因此应将科技产业化作为科技创新的突破口，不断增强总体实力。

5. 创新环境

创新环境包括法律、法规、政策、体制、市场和服务等内容，是创新活动的重要保障因素。加强农业科技在软环境方面的建设，应从以下三个方面着手。

第一，从法律、法规、政策等方面使科技活动不断向企业化、产业化、商品化方向转移，除基础研究和公益性研究外，其余研究活动应实现产业化和商品化，取得社会财富。

第二，在发挥好政府宏观调控作用的同时，强化市场牵引、调节的作用，增强市场竞争，使科技活动尽快进入市场。

第三，从管理制度上加大学科结构、人才结构等调整的力度，加强科技人员的绩效考核，辅之以公正、公平的评审、验收和奖惩制度。

另外，科学技术的国际化、全球性趋势已日益明显，我国农业科技创新必须站在国际化的高度来构想。争取在重点科研项目上参与国际大型联合研究计划。要利用拥有的科研院所进出口自主权，发展与有关国家的技术贸易，把我国新产品、新技术打入国际市场，增强国际竞争力。

三、农业技术推广的管理

（一）农业技术推广管理的概念与任务

农业技术推广是指将农业适用技术，通过试验、示范、宣传和培训等方法向农业生产转移和扩散。它是把农业科学技术这个潜在的生产力转变为现实生产力的重要手段。农业技术推广是联系农业科学技术研究与农业生产实践的桥梁。只有大力开展农业技术推广，才能使农业科学技术由潜在的生产力转化为现实生产力。同时，也只有搞好农业技术推广工作才能及时反馈农业科技成果在农业生产实践中应用的信息，从而更好地推动农业科学技术的研究与开发。

农业技术的推广管理，是指在一定科学理论指导下，进行试验研究、技术推广、技术措施方案实施、技术经济效果分析评价等全部管理工作。

当前，我国农业技术推广管理工作的主要问题是：农业推广资金投入不足和推广体系不够完善；农民对现代农业高新技术接纳能力差，基层推广人员素质不高；加入 WTO 后，农业产量与品质、农民增产和增收的矛盾更为突出；技术市场和科技企业发展缓慢。因此，为了加快农业的发展，提高我国农业科技成果转化率，必须改善和加强农业技术推广管理工作。

现阶段，我国农业技术推广管理的主要任务如下。

第一，围绕农业生产和农村经济发展的技术需求特点，以及提高农产品在国际、国内市场竞争力的技术需求，加大农业技术推广和产业化过程，有效地服务于农业结构调整和农业增长方式转变。

第二，解决在产量与品质，增产与增收矛盾中的技术服务问题，保障国民经济和农业生产持续、稳定、健康发展。

第三，在农业推广方式上，从单纯技术服务与行政手段推广逐步向技术服务与农村教育结合的方式过渡，并且从产中服务为主逐步向产前和产后服务领域延伸。

第四，在体系建设上，改革运行机制，促进推广人员知识更新和专业技能提高。

第五，在强化政府行为基础上，继续发挥科研、教学部门作用，并鼓励技术市场发展和科技企业等积极参与，建立一个多元化的技术推广体系。

第六，建立一批稳定的农业技术推广示范基地，进行重点农业技术领域成果转化和辐射带动。

（二）农业技术推广的程序

1. 选定推广项目

推广项目的来源主要有四个方面：科研成果、引进技术、农民生产经验和推广部门的技术改造项目。科研成果是指本地区农业科研部门提供的项目。引进技术是指从其他国家和本国其他地区农业科研部门引入的科研成果。农民生产经验是指当地农民在生产实践中摸索出来的先进生产方法。推广部门的技术改造项目是推广人员在推广过程中对所推广技术进一步改进完善后的研究成果。在上述四个项目来源中，后两个是主要的。选择推广项目要对有关的各种因素进行综合的分析比较，确定最适宜的科研成果作为推广项目。

2. 推广试验

也称中间试验或区域试验，是从科研到生产之间的关键环节。农技推广项目选定后，在大面积正式推广前，应进行推广试验，明确推广价值。推广试验包括新技术的引进试验、良种区域实验、计划配套实验。

3. 示范

示范是指推广工作者在田地里直接教农民如何使用推广项目的一整套操作方法，其主要任务是选择示范田和示范户，使新技术迅速有效地在本地扩散开来。一旦选定了示范田和示范户，推广者应经常与示范户农民保持密切联系，向他们传授有关的操作方法，提供有效的信息和必要的物质手段。

4. 推广

在示范的基础上，证明该项技术在该地区的推广价值后，即可进行大面积推广。

5. 反馈和改进研究

试验、示范和推广过程是科技成果的检验过程，在该过程中发现的问题，应及时反馈给科研部门，以便做出解释或进行深入研究。

（三）农业技术推广的管理措施

1. 加强政策法规建设，保证农技推广事业健康发展

《中华人民共和国农业法》和《中华人民共和国农业技术推广法》是指导我国农业推广的最基本法律，对稳定农技推广机构、健全农技推广体系起着至关重要的作用。还需要制定实施加强农业科技产业发展的系列规定，并与相关的法律、法规体系相配套，逐步使农业科技产业化发展纳入法治化轨道。

2. 加强政府财政支持力度，增加农技推广资金投入

政府对"丰收计划"等国家重大推广计划项目应继续组织实施并加大支持强度，使各类项目的资助强度有明显提高；建立农业技术推广专项基金，并能逐步制度化地增加财政支农资金用于农技推广的份额；多渠道筹集资金，包括利用信贷资金扶持农技推广、涉农企业赞助等社会集资及农业部门经营收入提成用于农技推广等。

3. 加强推广体系建设，更新观念和鼓励创新

农技推广体系具有不可替代的社会公益性职能，是实施科教兴农战略的主要载体，是新阶段推动农业和农村经济结构战略性调整的依靠力量。由政府建立一支履行公益职能的农技推广队伍，不但是我国农业和农村经济发展的客观需要，也是绝大多数国家农业发展的共同经验。现行的农业技术推广工作必须更新观念和进行机制创新，按照市场经济发展要求，把服务领域由产中向产前、产后延伸，由单项向综合服务延伸，利用技术和信息引导农民进入市场，参与并促进农业产业化经营。

4. 加强科学普及和宣传力度，利用多种方式加快人才培训

充分发挥农业广播及学校作用，深入农村对农民进行科普宣传；组织技术推广示范基

地之间的相互观摩、交流；组织开办农民科技企业家培训班和不同层次的农业专业技术人才培训班；利用高等农业院校和中等农业学校的定向招生方式，培养一批基层技术推广人才，造就一批既有理论水平，又有实践经验的高级农业推广专家。

5. 发展和引导农业技术市场，规范农业技术推广市场行为

加强农业技术市场建设，促进农业技术转让，为农业科研机构、大专院校及民营科技企业的成果转化及市场化提供便利条件和措施保障；通过各种途径发布农业技术成果、专利等技术转让信息，密切技术供需双方的关系，促进农业技术贸易；鼓励农业生产资料及农产品购销企业积极参与农业技术推广和宣传教育活动，并且通过法规、管理办法等规范其行为，杜绝坑农害农现象的出现。

第四节　农业资金管理

一、农业资金的概念与分类

（一）农业资金的概念与特征

农业资金是商品货币经济条件下，农业生产和流通过程中所占用的物质资料和劳动力的价值形式和货币表现，也是市场经济条件下，农业生产单位获取各种生产要素的不可缺少的重要手段。

农业资金除了具有资金的一般特征外，还包括以下特殊性。

1. 农业资金的低收益性

农业作为一个传统产业部门，在现代经济中处于相对劣势的地位，对农业一般项目的投资回报水平往往会低于工业或其他项目，而且由于农业生产与自然条件的紧密联系，使得农业资金的投资周期较长，并且承担比其他产业项目更多的自然风险。

2. 农业资金效益的外部性

农业生产不仅创造农业产品，而且附带较大的生态效益和社会效益。因此农业资金投入的收益就产生了外部性。在完全市场条件下，外部性会使得农业资金的私人投入量小于社会最优水平。

3. 农业资金的政策性

在发达国家的经济体系中，农业是受保护和支持的产业。在市场经济条件下，政府往

往通过农业资金来干预农业主体的行为,以各种农业补贴、公共投资、公共服务等形式来达到国家农业发展的目的。因此,国家在农业计划中,农业资金往往和一定的农业政策联系在一起。

(二)农业资金的分类

农业资金按不同的标准可以进行如下分类。

第一,按资金的来源,可分为生产单位的自有资金和借入资金自有资金指生产单位自身所有,不需归还别人的资金。借入资金是指生产单位用各种方式取得的必须到期归还他人的资金。

第二,按资金在生产过程中所处的阶段,可分为生产领域的资金和流通流域的资金。

第三,按资金的价值转移方式,可分为固定资金和流动资金前者是指房屋、农业设备、果树林木等劳动对象,其特点是可以在生产中多次参加生产,才能将其本身的价值完全转移到新的产品中去,后者是指种子、饲料、化肥、各种原材料等劳动对象,其特点是参加一次生产后就要被消耗掉,其价值完全转移到新的产品中。

不同类型的资金在使用和管理上有不同的要求,在经济管理中必须十分注意。

二、农业资金的来源

根据我国的情况,农业资金的来源主要有以下几个方面。

(一)农户自有资金的投入

我国农村实行家庭承包经营制度以来,农业生产资金的来源主要依靠农户自身的投入,而农户自身的投入主要取决于农民的收入。为了保证这部分资金来源的增加,应当在多方面促使农户增加收入的同时,引导农民正确处理发展生产和改善生活的关系,将每年收入的增长部分,较多的用于增加生产投入。

(二)财政资金的投入

农业财政资金是政府为农业发展而预算的各项农业支出,包括农业科研推广、农业基础设施、农业公共服务等公共支出以及为支持和调控农业而发放的各种农业补贴。农业财政资金的使用一般是无偿的,直接由政府财政预算并拨付。政府财政每年对农业的支持,是农业资金的一个重要来源。

（三）信贷资金的投入

农业信贷资金是金融机构或个人给农业生产者融资所形成的各种农业贷款。这里，农业信贷资金的供给主体主要包括商业性金融机构（如中国农业银行）、政策性金融机构（如中国农业发展银行）、合作性金融机构（如农村信用合作社）、外资金融机构等正规金融组织以及非正式的民间金融组织和个体信贷供给者。农业信贷资金可以是用于公共投资领域，也可以是用于农业私人投资领域。

（四）企业或其他经济组织的投入

乡镇企业、农村集体经济组织、农业合作组织等也是农业资金的重要来源。我国乡镇企业的发展曾对农业生产的发展产生过积极的作用，但近些年由于其效益的下降，使得支农资金的绝对值有些偏低。另外，我国目前大部分农村集体经济的实力不强，原来集体拥有的一些企业许多承包给了私人，因此，集体供资能力也十分有限。

（五）国外资金的投入

随着经济开放和资本的国际流动，来自国外的资本成为农业资金的一个新来源。国外农业资金一是来自国际经济组织的资金；二是来自政府间的援助或农业项目投资；三是国外的金融机构、公司或个人进行的农业投资。农业中外资利用主要有贷款、援助和外商直接投资等三种形式。

三、农业财政资金的管理

（一）农业财政资金投入的原则

1. 效率原则

该原则是指财政部门对农业财政资金支出进行有效配置，使既定的资金产生最大的产出或效益。这一原则要求政府合理使用总量稀缺的国家资金，不但农业财政支出本身讲求经济效率，而且要保证良好的社会效果和生态效果，达到社会资源的有效配置。

2. 公平原则

该原则是指政府在农业财政资金的投向和数量上应做到统筹兼顾，协调好发达地区和欠发达地区的利益。需要指出的是，公平原则并不是要求对财政资金进行平均分配，而是要运用财政资金对市场机制所造成的地域或人群上的不公平状况进行矫正,以实现真正的公平。

3. 稳定原则

稳定原则包括两层含义,一是农业财政资金投入本身要根据农业发展的要求保持一个稳定的增长率;二是要求农业财政资金成为农业经济波动的稳定器。

4. 持续原则

持续原则一方面要求农业财政资金投入要保证农业的可持续发展;另一方面还要求农业财政支出的可持续。

另外,在WTO的框架下,政府各种农业财政资金的支出还必须遵守WTO农业协议的有关规则和国际惯例。

(二)农业财政资金管理的措施

农业财政资金管理的主要任务是切实重视和加强财政资金对农业的投入。主要措施如下。

1. 各级政府应高度重视农业投入问题

认真贯彻《中华人民共和国农业法》和各地制定的有关农业投资的地方性法规,确保支农资金增长幅度高于本级财政经常性收入增长幅度,努力增加政府财政支农资金投入总量,形成支农资金的稳定投入渠道。

2. 统一规划、明确分工、统筹安排

加强支农资金项目管理,整合现有各项支农投资,集中财力,突出重点,提高资金使用效率。

3. 严格财政监督,确保农业资金按时足额到位

一是加强专项资金跟踪管理和信息反馈;二是严格项目合同管理制度,明确有关部门和项目管理单位的权利、义务和责任。

4. 用好经济杠杆

积极运用税收、贴息、补助等多种经济手段,鼓励和引导各种社会资本投向农业和农村。

四、农业企业资金的管理

农业企业对其占有的农业资金管理的主要任务是努力提高其使用的经济效益。要提高

农业资金使用中的经济效益,最主要的办法就是提高其资金的周转速度,使一定的资金能够在一年内多次在生产上发挥作用。具体措施如下。

(一) 加快固定资金的周转

第一,防止增置不必要的固定资产。购置固定资产要注意从实际出发,权衡轻重缓急,把资金使用在能取得经济效益最大的项目上。还要使购置的设备与企业的生产规模相适应,使各项固定资产互相配套完整,并且注意设备的通用性和适应性。

第二,尽可能提高固定资产的利用率。农业生产具有明显的季节性,农业中固定资产的利用率一般都要受生长季节的限制。因此,提高农业中固定资产的利用率,对加速固定资产的周转特别重要。

第三,合理安排生产性固定资产同非生产性固定资产的比例关系。

(二) 加快流动资金的周转

第一,尽可能缩短生产周期。在种植业上尽可能采用和选育生产周期短的优良品种;在林业上采用速生树种和快速育林技术;在畜牧业上尽量缩短牲畜的育肥期;在农产品加工业上,尽可能改善经营管理,改进劳动组织和生产工艺。

第二,合理储备。要合理设定各种原材料的储备定额,要及时清仓挖潜,充分利用现有的流动资金。

第三,要节约生产过程中的种子、化肥、农药和其他原材料的消耗。

第四,要合理确定农业生产结构。专业化生产和多部门经营应互相配合,使收支在全年均衡分布,使流动资金周转加速。

第五,防止任意占用和挪用流动资金去进行基本建设或作其他用途。

第六,根据市场需要,生产适销对路的产品并加强产品的推销,以尽可能缩短产品的流通时间。

第四章 农产品市场与营销管理

第一节 农产品市场体系概述

市场是生产力发展到一定阶段的产物,属于商品经济的范畴,凡是有商品生产和商品交换的地方,就必然有市场。随着经济的发展,农产品市场的范围、形式和交易的内容都在发生变化。从市场的活动范围来看,它不仅涉及产前活动如市场调查与预测、产品研发等,而且还延伸到产品的售后活动,如售后服务、信息反馈等。市场的形式也越来越多样化,现代市场的商品交换通过电话、传真、计算机网络就可以顺利实现。

一、农产品市场体系的相关概念

(一)农产品市场的概念及特点

1. 农产品市场概念

农产品市场是农业商品经济发展的客观产物,它的含义有狭义和广义之分。

狭义的农产品市场是指农产品交易的场所。农业生产者出卖自己生产的农产品和消费者购买自己所需的农产品,需要有供他们进行交换的场所,这种交换农产品的场所就形成了农产品市场,如农贸市场、蔬菜市场、花卉市场等。

广义的农产品市场是指实现农产品价值和使用价值的各种交换关系的总和。它不仅包括各种具体的农产品市场,还包括农产品交换中的各种经济关系,如农产品的交换原则与交换方式,人们在交换中的地位、作用和相互联系,农产品流通渠道与流通环节,农产品供给与需求的宏观调控等。

2. 农产品市场的特点

农产品市场与其他市场相比,具有以下特征。

（1）农产品市场具有供给的季节性和周期性

由于受自然条件和生物机理的影响，农业生产具有很强的季节性和周期性，而农产品只有在收获后才能进入市场，这就决定了农产品市场的供给有旺季和淡季之分。为了保证农产品市场供给和消费需求的均衡，必须做好农产品的储存、保管和加工工作，调剂市场上农产品的供求，保证市场的正常供应。

（2）农产品市场交易的产品具有生活资料和生产资料的双重性质

很多农产品具有生活资料和生产资料的双重性质，如粮食、水果、棉花等，既是人们日常生活的必需品（生活资料），又分别是食品加工业和棉纺工业所需的原材料（生产资料）。

（3）农产品市场受自然风险和市场风险的双重影响

农业生产包含了动植物的生长、发育、成熟、收获与储运的全过程，因而受到自然与市场双重风险的考验。一方面，农产品生产会受到水、旱、风、雹、冻、热和病虫等自然灾害的影响，使农产品生产面临各种自然风险；另一方面，在市场经济条件下，农产品还会因供求关系变化而造成市场风险，并与自然风险相互交织，形成互为因果的双重风险。当自然风险小时，农产品因丰收质优量大，价格走低，市场风险变大；反之，自然灾害重时，农产品因欠收量少，价格上扬，此时，市场风险相对变小。

（4）农产品市场经营具有明显的地域性特征

我国幅员辽阔，各地自然条件差异性较大，导致各地的农业生产也有着较强的地域特色，形成了如粮食作物区、经济作物区、牧区和林区等不同的农业生产区域。即使是粮食生产，由于地理环境不同，适宜种植的作物品种也不同，如北方地区多种植小麦，而南方地区则较宜种植水稻。而且由于不同地域的人们的消费习惯不同，从而对各类农产品的需求也是有差异的，如北方人习惯面食，而南方人则偏爱米饭；草原牧区的人们更喜牛、羊等肉食，而沿海地区的居民则更爱各类海产品。为此，要因地制宜做好不同农产品市场的经营，兼顾生产地和消费市场、卖方和买方的利益。

（5）农产品市场流通具有"分散—集中—分散"的特点

农产品的生产遍布在全国各地，由全国数亿个小规模的生产单位（含农户）经营，而商品性农产品的消费主要集中在城市。由此形成了农户"分散"生产，由经营者通过收购、贮藏、运输、加工等环节进行"集中"，再经批发、零售等环节，最终"分散"到消费者的流通模式。因此，农产品购销网点的设置和收购方式等都要与这一特点相适应。

（6）农产品市场具有较强的政府宏观干预性

农业是国民经济的基础，农产品是关系国计民生的重要产品，农产品供求平衡且基本稳定是社会稳定和经济发展的保障。因此，对农产品市场的经营活动和农产品价格，既要充分发挥市场机制的调节作用，又要加强宏观调控，以实现市场繁荣和社会稳定两个目标，还可以通过全球的余缺来调剂一国农产品的丰欠。

（二）农产品市场体系的概念及构成

1. 农产品市场体系的概念

农产品市场体系是流通领域内农产品经营、交易、管理、服务等组织系统与结构形式的总和，是沟通农产品生产与消费的桥梁和纽带，也是现代农业发展的重要支撑体系之一。

2. 农产品市场体系的构成

农产品市场体系由市场主体、市场客体、市场机制和市场组织等构成。

（1）农产品市场主体

农产品市场主体是指具有自身利益、自主参与市场交易活动的所有组织和个人，包括农产品生产者、经营者、消费者和农产品市场调节者。

（2）农产品市场客体

农产品市场客体是指交易当事人之间发生交换关系的标的物，即市场交易的对象。市场客体包括实物形态的商品、知识形态的商品、以等价物形态出现的资金商品和以活动形态出现的劳动力商品等。

（3）农产品市场机制

农产品市场机制是指市场经济中各市场要素互相适应、互相制约，共同发挥作用而形成的市场自组织、自调节，实现自我平衡的功能，即在客观经济规律的作用下，实现生产、分配、交换和消费的自动调节。市场机制包括价格机制、供求机制、竞争机制、激励机制、风险机制等，它们相互联系和作用，共同调节农产品生产和流通机制。

（4）农产品市场组织

农产品市场组织是为保证商品交换顺利进行而建立的协调、监督、管理和服务农产品市场的各种机构、手段和法规。农产品市场组织包括流通组织机构如农产品供销合作社、中介组织如农产品劳动服务公司、管理组织如农产品统计及工商行政等部门、技术管理组织如计量部门、民间组织如农产品行业组织协会等。

二、农产品零售市场

（一）农产品零售市场概念

农产品零售市场又称农产品消费市场，它是农产品的最终交易场所，反映了农产品的生产者、加工者、经营者和消费者等多方面的经济关系。农产品零售市场主要包括露天集市、农贸市场、副食商店、社区便民菜肉店和不同规模的连锁经营超市等。

（二）农产品零售市场的特点

第一，农产品零售市场的辐射范围较小，多限于周边居民的消费并与中心集散市场接近。

第二，农产品零售市场的交易方式主要是现货交易，交易数量小，交易频率高。

第三，农产品零售市场上出售已加工的农产品和鲜活农产品。

第四，在农贸市场上，小型批发商和零售商是此类市场的主要供应者；在超市中，农产品及食品的连锁、配送是其供货的基本形式；部分农产品特别是鲜活农产品一般由生产者直接在市场上进行销售。

第五，农产品零售市场的农产品价格一般都高于产地市场和批发市场价格。

三、农产品批发市场

（一）农产品批发市场概念

农产品批发市场又称中心集散市场，是指将来自各个产地市场的农产品进一步集中起来，经过加工、储藏和包装，通过销售商分散销往全国各地的场所及组织。此类市场多设在交通便利或农副产品的主产地，一般规模较大，并设有较大的交易场所和仓储设施等配套服务设施。农产品批发市场每笔交易的数量和金额都较大。

根据经营农产品品种的多少，农产品批发市场可分为综合市场和专业市场。综合农产品批发市场是指主营品种超过三类以上（含三类）农产品的批发市场。专业农产品批发市场是指主要经营某一类农产品的批发市场，包括蔬菜、果品、水产品、肉禽蛋、粮油、花卉、干菜副食调味品、食用菌等批发市场。

（二）农产品批发市场的作用

1. 农产品批发市场是农产品交易流通的中心环节

农产品批发市场是为农产品集中交易提供场所的有形市场，是农产品流通体系与营销体系的核心环节。为解决我国"小农户，大市场"的矛盾，需要在众多的小农户和巨大的市场之间建立一个庞大的流通体系来完成生鲜农产品的集散。农产品批发市场作为农产品流通的中心环节，有效地保障了城市供应，解决了农产品的销售问题。大型集散地农产品批发市场由于具有交通便利、功能齐全、辐射范围广等特点，发挥了远距离运输集货和中转批发作用，有力推动了农产品大流通格局的形成。

2. 满足了交易双方扩大交易规模和交易空间的要求，节约了交易成本和交易时间

农产品批发市场是一种或多种农产品及其系列商品集中进行现货交易的场所，是解决农业生产的大批量与消费形式多样化之间客观矛盾的有效交易形式，能够明显地节省交易成本。批发市场的高效率和低交易费用是零售市场所不可替代的。农产品批发市场的开放性、灵活性的特点和横向经济联系的形式，有利于按照商品的自然流向和运动规律进行流通，促进产销直接见面，极大地节约了交易时间。

3. 农产品批发市场能够充分发挥价值规律的作用，调节农产品生产与流通，推动商品经济发展

拥有众多生产者和消费者的农产品批发市场，具有买卖的广泛性和更充分的市场竞争性，使其成交价格能较好地反映市场供求关系的变化，从而促进生产者和消费者效用的最大化。

4. 农产品批发市场能够为农业生产者提供综合服务，特别是信息服务

农产品批发市场的交易情况，客观地反映了农产品供需及价格等市场信息的变动情况，能够为农业生产经营和决策提供信息指导，尽量规避农产品生产和经营上的盲目性。

四、农产品期货市场

（一）农产品期货市场的概念

期货交易是与现货交易相对应的一种交易方式，是商品交换的一种特殊方式，其最早

始于农产品期货合约。农产品期货是世界上最早上市的期货品种,并且在期货市场产生之后的120多年中,农产品期货一度成为期货市场的主流。狭义的农产品期货市场是指进行农产品期货交易的场所,通常特指农产品期货交易所。广义的农产品期货市场是指农产品期货合约交易关系的总和,它是由相互依存和相互制约的期货交易所、期货交易结算所、期货经纪公司和期货交易者组成的一个完整的组织结构体系。

我国农产品期货市场经过多年发展,农产品期货品种已达21个,形成粮棉油糖、畜牧、木材等板块,以及油脂油料、玉米和玉米淀粉、饲料养殖等多个产业链品种体系。

(二) 农产品期货市场的特性

1. 交易对象的特殊性

农产品期货市场以农产品期货合约为交易对象。农产品期货合约是一种由期货交易所统一制定、在交易所内集中交易、受法律约束并规定在未来的某一特定时间和某一特定地点交割一定数量和一定质量的某种特定农产品的标准化合约。标准化的农产品期货合约只是现货的象征或代表。

2. 交易商品的特殊性

农产品期货市场中交易的商品是一些具有代表性并且需要具备一定条件的特定农产品。这类农产品通常需要具备两个基本条件:一是品质等级易于标准化;二是能够长期贮藏且适于运输。另外,对农产品期货市场交易的农产品来说,其现货市场应具备两个基本特征:一是特定期货农产品的现货市场接近完全竞争市场;二是特定现货市场环境发达完善,使得现货市场交易和投资主体不仅需要而且能够利用期货市场回避现货价格波动的风险或获得风险利润。

3. 交易目的的特殊性

进入农产品期货市场的交易者的目的是利用农产品期货市场进行套期保值,以规避农产品现货价格波动的风险,或是为了利用期货市场价格的上下波动来投机获利。

4. 交易场所与交易方式的特殊性

农产品期货市场中的交易必须在高度组织化的期货交易所内依照期货法规集中进行,即不能分散地进行交易,所有的交易都要集中在期货交易所内通过公开、公正、公平竞争的方式进行交易。

5. 交易保障制度的特殊性

农产品期货市场中的交易虽然也有基本的法律保障,但更重要的交易保障制度是由会员制度、保证金制度、无负债结算制度等构成的规则制度来保障期货交易的正常运行。

6. 交易机制的特殊性

农产品期货市场交易机制的特殊性在于其双向交易和对冲交易。双向交易是指在期货交易中，交易者既可以买入期货合约作为期货交易的开端，也可以卖出期货交易合约作为交易的开端，也就是通常所说的买空卖空。对冲交易指盈亏相抵的交易，即同时进行两笔行情相关、方向相反、数量相当、盈亏相抵的交易。

（三）农产品期货市场的功能

1. 规避价格风险，保障农户和相关经营者利益

现货交易的农产品价格只能反映即期市场供应的价格。由于农产品生产周期长，不可控因素多，价格往往具有滞后性。随着期货交易的产生和发展，生产经营者可以在期货市场上进行套期保值业务来规避、转移或分散现货市场上农产品价格波动的风险。套期保值能够实现规避价格风险的基本经济原理在于某一特定商品的期货价格与现货价格在同一时空内会受相同的经济因素影响和制约，因此一般情况下两个市场的价格变动趋势相同。

2. 发现合理价格

期货交易所是一个公开、公平、公正、竞争的交易场所，它将众多影响供求关系的因素集中于交易所内，通过公开竞价，形成一个公正的交易价格。这一交易价格被用来作为该商品价值的基准价格，通过现代化的信息传递手段迅速传递到全国各地，人们可以利用此价格来制定各自的生产、经营和消费决策。期货交易具有发现价格的功能，主要是因为：第一，期货交易参与者众多，成千上万的买家和卖家集聚在一起进行竞争，代表了供求双方的力量，有助于真实价格的形成；第二，期货交易中的交易主体大都熟悉某种商品行情，有丰富的经营知识和广泛的信息渠道以及一套科学的分析、预测方法；第三，期货交易透明度高，竞争公开化、公平化，有助于形成公正的价格。期货市场是集中化的交易场所，自由报价，公开竞争，避免了现货交易中一对一的交易方式极易产生的欺诈和垄断行为。通过规范化的市场和公平竞争形成的期货价格，能比较客观地反映未来农产品的供求状况和价格走势，可以给农产品的经营者提供具有权威性的下一生产周期的合理预期价格。

3. 风险投资功能

风险投资功能主要是针对期货投机者而言的。期货风险投资一般包括两层含义：一是投资者将一定金额的货币资金用于期货交易项目，即买卖期货合约；二是投资者参与期货

交易的目的主要是获得以货币表示的经济收益。因而，期货风险投资是一个含义较为广泛的概念，无论投资主体是为了获取转移风险的经济收益，还是为了获得超额利润，只要特定的投资主体为了获取经济收益而用一定数额的货币买卖期货合约，都属于期货风险投资行为。

4. 资源配置功能

资源配置功能的发挥不是通过直接实物交割来实现的，而主要是通过期货市场的杠杆作用，间接调配物资在期货市场外流转。同时，期货市场快捷的信息传递、严格的履约保证、公平公开的集中竞价、简捷方便的成交方式，全方位地、迅速有效地抹平区域性不合理的价差，也促进了资源配置效果的实现。

第二节 农产品物流

物流是指物品从供应地向接受地的实体流动过程中，根据实际需要，将运输、储存、装卸、搬运、包装、加工、配送、信息处理等基本功能实施有机结合。农产品是具有生命的动物性和植物性产品，因而农产品在物流运输过程中对时效性、保鲜性的要求特别高。同时，农产品一般市场销售价格较低，这就使得农产品物流更加困难。

一、农产品物流的概念及特点

（一）农产品物流的概念

农产品物流是指以农业产出物为对象，通过农产品产后加工、包装、储存、运输和配送等物流环节，实现农产品保值增值，最终送到消费者手中的活动。具体而言，它包括农产品的收购、运输、储存、装卸、搬运、包装、配送、流通加工、分销、信息活动等一系列环节。

（二）农产品物流的特点

由于农产品独特的自然属性和供求特性，使得农产品物流也有着明显区别于工业品物流的特征。

1. 农产品物流的数量大、品种多、范围广

当前粮食、经济作物及畜牧产品和水产品的商品率极高，它们不仅直接满足了人们的

生活需要，还要向食品工业、轻纺工业、化工业等提供原料，因此导致农产品物流的需求量大、范围广。

2. 农产品物流要求高

农产品一般都是有生命的动物性与植物性产品，因此农产品物流特别注重"绿色物流"，以保证在物流运输过程中不污染、不变质。另外，由于农产品价格较低，要努力做到低成本运作。此外，农产品流通还涉及农民收入水平的提高，所以，农产品物流一定要做到服务增值，即农产品加工转化和农产品加工配送。

3. 农产品物流面临较大的风险

一方面，农产品的新鲜度直接影响其品质与价格，而农产品的易腐易烂使其在运输仓储等环节面临较大的风险；另一方面，农业生产具有较强的地域分散性和季节性特点，而农产品的消费却具有全年性和普遍性，这导致了农产品供需之间矛盾的产生，使得供求信息的准确掌握和及时调整都比较困难，从而加大了农产品物流环节的风险。

4. 农产品物流的来源较为单一

农业生产的地域性和相对集中性与农产品消费的分散性之间的矛盾，是导致这一特点的主要原因。一方面，农产品绝大多数是由农村向各个城市流通，另一方面由于农业生产受自然环境的制约，导致个别农产品只能从特定的地点流出。

5. 农产品物流运输不均衡

一方面，由于农产品生产的季节性特点，农产品的收货季节及其以后一段时间是农产品的运输高峰期，对运输能力的需求较高，而在其余的时间里，农产品的运输量则相对较少。另一方面，农产品多是有生命的有机物，易损易腐，需要根据其物理化学性质采用科学合理的运输方式，如水果的恒温保鲜运输、粮食的散装运输等。

二、农产品物流的类型与功能

（一）农产品物流的类型

根据农产品物流具体对象的不同，大致可将农产品物流分为以下几类。

第一，粮食物流。粮食是人类生存的最主要的物质资源。

第二，经济作物产品物流。经济作物是指除供人们食用外、可作为工业尤其是轻纺工业和食品加工工业原料的农产品，因其商品率远远高于粮食作物，对物流的需求量大。

第三，畜牧产品物流。畜牧产品既是人们生活所需的肉、蛋、奶等食物的来源，也是轻化、化工、制革、制药工业的原料来源，对物流需求量较大，还可进一步细分为奶类物流、肉类物流及蛋类物流等。

第四，水产品物流。水产品是海洋和淡水渔业生产的动植物及其加工产品的统称，主要分为鱼、虾、蟹、贝四大类。

第五，林产品物流。林产品是重要的工业原料，营林和竹木采伐对物流需求大，主要包括林产品的运输、装卸和搬运三个方面。

第六，其他农产品物流。未能归入上述类别的农产品物流，统称为其他农产品物流。

（二）农产品物流的功能

农产品物流系统具备不同的功能，它们相互联系、相互作用。具体内容如下。

1. 包装功能

包装有两层含义，即包装物体的容器和对物体施加包装的行为过程。根据包装的作用不同，包装物可分为运输包装和销售包装。包装是商品在生产领域的延续，又有消费领域"无声的推销员"的作用。包装作为物流活动的起点，在农业物流系统中的功能主要有以下几种：第一，保护的功能，即保护农产品价值和使用价值在流通过程中不受外界要素的损害，主要包括外部自然环境因素的影响（如温度的变化会影响肉蛋奶类产品的品质）和外部非自然因素的影响（如运输过程中强烈的碰撞对产品的冲击或在装卸搬运过程中发生的跌落等）。因此，做好农业物流的包装工作，充分发挥其保护功能，既能防止农产品本身性能发生变化，又可减少农产品在流通及消费过程中遭受外力的破坏。第二，便捷的功能，即农产品标准化的包装便于装卸、搬运、储存及运输等环节的作业，并提高仓库的利用率和运输工具的装卸能力。第三，销售的功能，农产品的包装在销售环节往往给消费者留下"第一印象"，在农产品品质相同的情况下，精美的包装能够激发消费者的购买欲望，并产生购买行为，成为影响消费者决策的重要因素。

2. 装卸搬运功能

装卸搬运是指物品从一种状态到另一种状态的活动，装卸侧重物品存放状态的改变，搬运则强调物品空间位置的改变。装卸搬运介于生产和流通之间，为两者创造商品的时间效益和空间效益，在农产品物流过程中占有非常重要的位置。其功能主要表现为：第一，衔接的功能。农产品在生产领域、流通领域及消费领域的流转及各种运输方式之间的转换都需要通过装卸搬运来实现，装卸搬运伴随生产和流通过程的各个环节，保证了农业生产各阶段的衔接，是流通过程中各环节相互转换的桥梁。第二，保障和服务的功能。装卸搬运活动本身是一种劳务,其质量好坏直接影响农产品流通过程是否通畅。做好装卸搬运工作,可以有效避免农产品"跑在中间,窝在两边"现象的发生,提高流通效率,减少农产品的跌落损失,增加农民的收入。

3. 运输功能

运输是指物品借助运力在空间上所发生的位置移动。运输环节是农产品物流过程的一个中心环节,是物流系统中的一项重要作业活动。运输功能能够创造农产品的空间效用,消除农产品的生产和消费之间在空间位置上的背离,实现农产品的使用价值,满足社会的各种不同需要。农产品物流系统中运输功能的发挥可以有效提高农产品流通速度和效率,降低农产品物流费用,扩展农产品流通渠道,增加农产品销路和农民收入,从而促进农村经济的稳定发展。

4. 储存保管功能

储存保管是指从接受储存物品开始,经过储存保管作业,直至把物品完好地发送出去的全部活动过程,包括储存保管的对象、储存保管的工具及储存保管的技术。储存在生产、流通、消费领域中普遍存在,保管是储存的继续。储存保管可以保障社会生产的连续进行和物流各环节的顺畅进行,同时保证农产品价值和使用价值不受损害及本身性能不会变化。从流通领域来看,农产品必须保持一定数量的流通储存才能保证农产品市场的正常供应,满足消费者的各种需求,如我国的储备粮制度不但是我国粮食市场宏观调控的重要政策工具,也是我国粮食价格和供应稳定、满足人民群众生活需要的重要保障。从物流角度看,它与运输环节共同构成了农产品物流的两大支柱,是农业物流系统的一项重要功能,与其他环节一起为物流提供了时间效用。加强农产品储存保管的管理,采用先进的储存保管技术,完善储存保管设施的建设,能够在较大程度上规避农产品因储存保管上的不足而出现的"库存积压""供应不足"及"腐烂变质"等现象的发生,降低生产成本,提高农业生产效益。

5. 流通加工及废弃物的回收与处理功能

流通加工是指在物流过程中,对农产品进行一些辅助性的加工活动。废弃物的回收与处理是指在物流过程中,对生产和消费中产生的大量排泄物进行收集、加工、处理等一系列活动。两者都对物品进行加工处理,创造物品的加工价值。通过农产品物流的流通加工环节,对生产企业所需的农业原料进行简单的初级加工,既为生产企业节省了初级加工的人财物等支出,又能够提高设备利用率和加工效率,还能合理组织运输和配送,提高农业物流效益。通过对农产品生产和消费中的废弃物进行回收、处理,既提高了农业资源的再利用率，有助于农民增收，又为农民创造了良好的生产条件和洁净的生活空间。

6. 增值服务功能

农产品物流可以提供物流信息情报是其增值服务功能的主要体现。农产品物流信息情报是指在一定时期内对农业物流各环节运动变化情况及一定范围内的其他活动变化情况的反馈。在农产品物流中，及时、准确、全面的农业信息是农产品物流的生命。农产品物流信息在农村经济发展中起着"引导"和"预测"的作用，农户可以借助市场信息来指导生产，及时准确地调整生产结构和品种结构，并在外部因素波动的情况下做出相对稳定的预测，由此增强农民驾驭市场的能力。

三、农产品运输与配送管理

（一）农产品的运输

1. 合理选择农产品运输方式、运输路线和运输工具

运输方式是指交通运输的性质（海、陆、空），运输路线是指交通运输的地理途径，运输工具是指运输承载物。运输方式是运输路线和运输工具的表现形式，运输路线和运输工具是运输方式的载体。三者关系紧密，是影响农产品运输的重要因素。

合理选择农产品运输方式、运输路线和运输工具，是指在组织农产品运输时，按照农产品运输的特点、要求及合理化原则，对所采用的运输路线和运输工具，就其运输的时间、里程、环节、费用等方面进行综合对比计算，减少增加运输时间、里程、环节、费用等的各种不合理因素和现象，选择最经济、最科学合理的运输方式、运输路线和运输工具。

农产品运输除了采用现代化交通运输方式和运输工具外，还大量使用一些民间运输工具，如拖拉机、帆船、驳船、畜力车、牲畜等。这些运输方式和运输工具各有特点，能够满足特定的自然地理条件或自然属性和产销状况不同的农产品的运输需要。对此需要区别情况，因地制宜，进行合理选择。

对于大宗农产品远程运输，适宜选择火车，因为火车具有运量大、运费低、运行快、安全、准确性和连续性较高等特点。对于短途农产品运输，适宜选择汽车，因为汽车运输具有装卸方便、机动灵活、可直达仓库，以及对自然地理条件和性质不同的农产品适应性强等特点。对于鲜活农产品，可根据鲜活性、成熟度，选择具有相应保养条件的、速度较快的运输工具和运输方式。大宗耐储运农产品运输，适宜选择轮船，因为轮船运输运量

大、运费低，虽然速度慢一些。对于那些特殊性急需的农产品运输，可利用飞机运输，因为飞机速度快，虽然由于飞机运费太高，一般情况下不宜采用。液体农产品的特殊运输，可利用管道。管道运输虽然一次性投资大，但可获得长期收益，具有综合效益高、自动化程度高、安全可靠、运输损耗少、免受污染等优点。

民间运输工具是我国农产品运输不可忽视的重要力量。民间的各种运输工具数量多、分布广、使用灵活方便，在某些特殊情况下，是其他现代化运输工具所代替不了的。所以，在广大农村，特别是交通不便的边远地区，民间运输工具是必不可少的，尤其适宜零星分散的少量农产品的短途运输。

2. 采用直达、直线、直拨运输

直达运输是指将农产品从产地或供应地直接运送到消费地区、销售单位或主要用户，中间不经过其他经营环节和不转换运输工具的一种运输方式。采用这种运输方式运送农产品，能大大缩短商品待运和在途时间，减少在途损耗，节约运输费用。农产品，尤其是易腐易损农产品的运输，应尽可能采用直达运输方式。有些农产品，如粮食、棉花、麻、皮、烟叶等，虽然耐储运，但由于供销关系比较固定，而且一般购销数量多、运量大、品种单一，采用直达运输方式也很适宜。在组织农产品直达运输中，应当和"四就直拨"（就地、就厂、就站、就库直接调拨）的发运形式结合起来，灵活运用，其经济效益会更好。

直线运输是指在农产品运输过程中，从起运地至到达地有两条以上的运输路线时，应选择里程最短、运费最少的运输路线，以避免或减少迂回、绕道等不合理运输现象。直线运输和直达运输的主要区别在于：直线运输解决的主要是缩短运输里程问题，直达运输解决的主要是减少运输中间环节问题。在实际工作中，将二者相结合会收到双重效果。所以，通常合称直达直线运输。

直拨运输是指调出农产品直接在产地组织分拨各地，调进农产品直接在调进地组织分拨调运。直拨运输一般适用于品种规格比较简单，挑选空间不大的大宗农产品运输。

3. 中转运输

中转运输通常是指农产品集散地的批发机构，将农产品集中收购起来，然后再分运出去。中转运输也是组织农产品运输的一种必要方式，有许多功能：可以把分散收购的农产品集中起来，再根据市场需要转运各地，有利于农产品经营单位按计划组织调拨；可以根据农产品的收购、储存情况和市场需求的缓急程度，正确编制运输计划，提高农产品运输的计划性；便于选择合理的运输方式、运输路线和运输工具，开展直达、直线、直拨运输，使农产品运输更加合理化。

4. 大力开展联运

联运是指两种以上的运输工具换装衔接，联合完成农产品从发运地到收货地的运输全过程。联运的最大特点是，农产品经营部门只办理一次手续即可完成全过程的托运。现阶段我国的联运主要是水陆、水水（江、河、湖、海）、陆陆（铁路、公路）联运和航空、铁路、公路三联运。

开展农产品联运，既适应我国交通运输的客观条件和运输能力，也符合农产品产销遍布全国、点多面广的特点。只要联运衔接合理，就可缩短待运时间，加速运输过程。组织联运是一项复杂工作，在组织农产品联运时，购销双方要和交通运输部门密切配合，加强协作，提高联运的计划性、合理性；要通过签订联运合同，落实保证联运顺利进行的措施和责任，以提高联运效果。

5. 大力发展集装箱运输

集装箱是交通运输部门根据其运输工具的特点和要求，特制的装载商品的货箱。我国铁路运输集装箱有1~30吨的几种不同规格。选用时，要根据农产品的重量和用以装载的车型来确定，以求装满载足，减少亏吨。

集装箱运输过程机械化、自动化操作程度高，是现代化的高效运输形式。采用集装箱运输，有利于保证商品安全，简化包装，节约装载、搬运费，加快运输速度，便于开展直运和联运。集装箱运输适应农产品易腐易变的特点和运输要求，应大力发展。

6. 提高运输工具的使用效率和装载技术

运输工具的使用效率，是指实际装运重量与标记载重的比率。提高运输工具使用效率的要求是：既要装足吨位，又要装满容积，这就要求必须提高装载技术。提高运输工具使用效率和装载技术可以挖掘运输工具潜力，运送更多的商品，降低运输成本，节约运费开支。

提高运输工具使用效率和装载技术的主要途径如下。

第一，改进包装技术。比如，对轻抛物资科学打包，压缩体积，统一包装规格等。

第二，大力推行科学堆码和混装、套装等技术。要根据不同农产品、不同包装和不同运输工具的情况，大力推行科学堆码和混装、套装等技术。这些技术，都是当前充分利用运输工具的容积和吨位、扩大技术装载量比较切实可行的措施。如把轻抛商品和实重商品合理地配装起来，就能收到车满载变足的良好效果。

第三，改进装载方式方法。如粮食运输由袋装改为散装，不仅节约了大量包装费，也大大提高了装载量。

第四，大力组织双程运输。减少运输工具空驶；组织快装、快卸，加速运输工具周转。

7. 推广冷链运输

冷链运输是指对鲜活农产品从始发地运送到接受地，每一环节的转运或换装都保持在规定的低温条件下进行。比如鲜鱼的运输，就应用冷藏船运到冷藏汽车，再运到冷藏火车，下站后再用冷藏汽车运到冷库。

冷链运输能抑制微生物繁殖和细菌的活动，防止农产品腐变和减少在途损耗。如长距离运输蔬菜，采用一般运输，损耗率大于20%，有的高达50%，而采用冷链运输，损耗率可控制在3%~5%。同时，还能延长农产品储存期，有利于调节市场供求。冷链运输有利于保证农产品质量，减少农产品运输损耗，改进农产品经营，特别是对易腐变质的鲜活农产品运输，更应该积极采用冷链运输方式。

（二）农产品的配送模式

农产品物流配送是指根据农产品消费者的需求，在农产品配送中心、农产品批发市场、连锁超市或其他农产品集散地进行加工、整理、分类、配货、配装和末端运输等一系列活动后将农产品交给消费者的过程，主要包括农产品供应商配送和超市连锁配送。其中，前者主要包括农产品配送企业、农产品批发市场、农产品生产者的专业协会等配送主体向超市、学校、宾馆和社区家庭等消费终端配送农产品的过程，而后者主要是经营农产品的超市由总部配送中心向各连锁分店和其他组织配送农产品的过程。

由于农产品的特性以及产销地域广阔分散的特点，对农产品物流规划、方式和手段提出了比较高的要求，这个物流过程也是农产品实现其市场价值的关键环节。作为现代物流的新业态，农产品物流统一组织货源，进行检验检疫、整理清洗、分拣包装，根据订单要求直接送到消费者手中，完成农产品从"田间"到"餐桌"的全程服务，具有安全、高效、便利的特点。在农产品物流整个过程中，农产品配送中心的选址决策至关重要。农产品配送中心是连接农产品生产基地与消费者的纽带，其选址往往决定着农产品物流的配送距离和配送模式，进而影响着农产品物流系统的运作效率。

一般农产品的配送模式如下三种。

1. 农超对接

农超对接即农产品生产与超市直接对接，市场需要什么，农民就生产什么。具体而言就是农户和商家签订意向性协议书，由农户向超市、菜市场和便民店直供农产品的新型流通方式，主要是为优质农产品进入超市搭建平台。

"农超对接"的本质是将现代流通方式引向广阔农村，将千家万户的小生产与千变万化的大市场对接起来，构建市场经济条件下的产销一体化链条，既可避免生产的盲目性，稳定农产品销售渠道和价格，还可减少流通环节，降低流通成本，实现商家、农民、消费者共赢。

2. 农社对接

农社对接即由农田到社区居民楼下的点对点的直销模式，具体而言就是农民专业合作社在城市社区开设直销店、连锁店，面向社区居民直供直销合作社生产的农副产品，主要是为优质农产品进入社区搭建平台。农社对接是在农超

对接基础上发展演变而来的，进一步减少了农产品流通环节，降低了流通成本，实现农民和消费者双赢。目前，已形成社区菜店（点）、车载市场、综合直销店和高端配送等多种类型的农社对接模式。

3. 农居对接或农家对接

农居对接或农家对接一般针对白领阶层和家中有老人、小孩、孕妇的家庭，以及中高收入家庭，主要配送净菜、营养套餐菜系、有机蔬菜、有机农产品、有机禽蛋、有机肉类等。最近几年发展快速的 B2C 电子商务蔬菜配送正是这种模式的典型。

第三节　农产品营销

农产品营销在我国尚处于起步阶段。改革开放以来，伴随着商品农业的发展和农业劳动生产率的迅速提高，我国农业从生产型、数量型、自给型向品质型、效益型、商品型过渡。目前我国农业仍处于从传统农业向现代农业发展的转型时期，农产品营销发展滞后，主要体现在农民的营销观念淡薄、市场营销体系不健全、营销主体缺位、营销模式单一、市场信息不畅通等方面。因此，加强培育农民的现代市场营销意识，规范农民的经营行为，积极开拓国际市场，借助网络营销平台，对扩大农产品交换，促进农业增效、农民增收具有重大意义。

一、农产品营销的概念及特点

（一）农产品营销的概念

农产品营销是市场营销（指个人和群体通过创造并同他人交换产品的价值，以满足需求和欲望的一种社会过程和社会管理过程）的重要组成部分，是指农产品生产者与产品市场经营者为实现农产品价值进行的一系列的价值交换活动。

农产品营销的根本任务就是将生产出来的农产品以合理的价格、适当的流通渠道销售给消费者，以解决生产与消费的矛盾，满足人们生产或生活的需求。

（二）农产品营销的特点

1. 农产品市场主体规模小且分散

当前我国农业生产仍以农户为主，生产规模小而分散，市场谈判能力较差，对市场信息的收集、分析能力的欠缺又导致生产存在很大的盲目性，从而造成了农产品供给周期性波动的现象。规模小而分散的市场主体也使得农产品的流通环节过多，且运输环节难以形成规模经济。

2. 农产品经营风险较大

农产品经营风险主要表现为市场风险和非市场风险两类。由农产品市场供求关系变化导致的风险为市场风险，而由于自然灾害、经营环境恶劣等造成的则为非市场风险。由于农产品批发市场价格波动幅度较大，致使从事农产品批发业务的中间商承担了较大的市场风险。农产品价格剧烈波动的原因在于：第一，鲜活、易腐类农产品不耐储存的特性，要求从产地运到销地批发市场后，无论高价低价，都必须在较短时间内出售；第二，规模小而分散的农产品市场主体在生产经营决策上的盲目性和机会主义，加重了批发市场农产品供需间的不平衡；第三，农产品批发商无法及时准确地获得市场行情信息也会导致农产品价格的波动，增加了农产品经营者的市场风险。

3. 缺乏促进农产品品质优化的流通机制

当前我国的农业生产中对化肥、农药的依赖性仍然较强，导致我国农产品虽然总体产量较大，但内在品质不高。近年来，随着人们生活水平的提高和绿色健康生活理念的普及，发展绿色有机农业成为一种必然的趋势。但是在目前的农产品市场上，农产品的供给者与购买者之间在产品内在品质上的信息不对称，导致了一般农产品将优质农产品排挤出市场的逆向选择。

4. 受政府宏观调控的影响较大

农产品是关系到国计民生的重要产品，由于农户生产分散，且抵御市场风险能力有限，政府都会实施扶持农业生产的政策来对农业生产和经营进行宏观调控，从而会对农产品市场的供需产生巨大的影响。

二、农产品营销策略

（一）农产品目标市场营销

目标市场营销是指企业识别各个不同的购买者群体，选择其中一个或几个作为目标市场，运用适当的市场营销组合，集中力量为目标市场服务，满足目标市场的需要。农产品目标市场营销通常由三个步骤组成：农产品市场细分、农产品目标市场选择和农产品市场定位。

1. 农产品市场细分

农产品市场细分，就是根据农产品总体市场中不同地域的消费者在需求特点、购买行为和购买习惯等方面的差异性，将农产品总体市场划分为若干个不同类型的消费者群的过程。每一个消费者群构成一个有相似需求和欲望的细分市场。农产品市场细分是对消费者的不同需求或行为的分类，而非对产品或企业的分类。

（1）农产品市场细分的标准

作为消费者市场的重要组成部分，农产品市场细分也依据常用的四大细分变数。

第一，地理细分。地理细分是根据消费者所处的地理位置和地理环境来细分消费市场，细分标准包括地区、人口规模、人口密度、气候、地形、交通等指标。其细分依据是：生活在不同地理位置的消费者，对农产品有着不同的需求和偏好。俗话说"一方水土养一方人""靠山吃山，靠水吃水"等都蕴含了地理位置不同对人们饮食偏好的影响。

企业可以选择一个或几个地区经营，也可在整个地区经营，但应注意地区间消费需求和欲望的差异性。企业应努力使自己的产品、营销活动适应个别地区、城市甚至居民的需要。

第二，人口细分。人口是市场三要素之一，人口细分是指根据消费者的年龄、性别、职业、家庭、家庭生命周期、种族、宗教信仰、收入、教育、民族和国籍等人口统计变量，将市场划分为若干个不同的群体。人口变量是农产品市场细分的重要标志，也是四大变量中最容易测量的。

例如，在一般情况下，收入与受教育水平越高，人们就越注重营养、质量与安全，因此可将农产品市场按照质优价高的标准来细分市场，如"有机蔬菜""绿色农产品"等就能满足那些高收入且偏好优质农产品的消费群体。

第三，心理细分。指按照人们的个性或生活方式等变量对农产品市场进行细分。随着社会经济的发展以及人们生活水平的提高，特别是在生活比较富裕的地区，人们选购农产品受心理因素的影响越来越大。所谓"萝卜青菜，各有所爱"，表达的就是心理变量对购买行为的影响。由于消费者的需求具有可诱导性的特点，企业可以采取一些措施来刺激人们的购买欲望，进而使其产生购买行为。例如，农产品生产流通中一些不规范的做法，造成农产品质量安全问题频发的信息会影响人们在购买农产品时对销售场所的选择，规范化运营的大型商超就成为人们购物的首选。

第四，行为细分。行为细分是按照消费者的购买行为因素，如使用情况、购买习惯、追求的利益、使用状况和使用频率、品牌忠诚度等对市场进行划分。例如，根据消费者追求的利益，可分为追求品质、经济、服务、舒适、耐用等；依据消费者的忠诚度，可分为无忠诚、一般忠诚、强烈忠诚、绝对忠诚等。行为细分变量中对农产品消费者影响最大的是品牌，尤其是农产品加工市场中品牌影响甚大，很多品牌都有各自的忠实消费者群，而在一定程度上又存有差异，因此形成了各自的细分市场。

（2）市场细分需注意的问题

第一，市场细分的细分变数并非一成不变，而是动态的，要随着社会生产力与市场供求状况的变化而灵活变动。

第二，由于企业间的生产技术条件、营销资源状况和产品情况等存在区别，对同一市场进行细分时不同的企业应采用不同的细分标准。

第三，企业市场细分的方法，可以采用单因素细分法、综合因素细分法或系列因素细分法进行。

2. 农产品目标市场选择

农产品市场细分的目的在于有效地选择并进入目标市场。农产品目标市场是指农业企业或农产品营销组织决定进入并为其服务的农产品市场。农产品目标市场的选择一般是在市场细分的基础上，选择某一个或几个细分市场作为营销对象。

（1）目标市场的条件

目标市场应该具备以下几个条件。

第一，要有适当的规模和发展潜力。作为农产品目标市场，一方面要有一定的规模，即足够数量的顾客,能够保证企业有利可图。另一方面,目标市场要有一定的发展潜力,要适应企业长远的发展战略。

第二,要有一定的购买力。只有具备了一定的购买力的需求才是企业现实的市场,才能给企业带来足够的销售收入。企业在确定目标市场时,首先要进行消费者购买力分析,即使有潜在需求,但并不具备购买力的市场,是不能作为目标市场的。在分析购买力时,一方面要分析消费者的收入和经济实力,另一方面还要研究其不同的消费偏好和倾向。

第三,市场尚未被竞争者控制。企业确定目标市场时还要考虑市场的竞争状况,如果市场尚未被竞争对手完全控制,企业在该市场仍有发挥竞争优势的空间;如果竞争对手仅是表面上控制了市场,而企业自身实力较为雄厚,则仍然可以设法进入该市场参与竞争,以竞争与协作并举,配合公关和行政等手段,取得在市场中的一席之地。

第四,符合企业经营目标和资源能力。企业选择目标市场时还要重点考虑企业现有的资源条件和能力所擅长的和所能胜任的,只有当企业的人力、物力、财力以及管理水平等条件具备时,才能将某一子市场作为自己的目标市场。

(2) 目标市场营销策略

在许多可供选择的细分市场中,企业是选择一个还是多个细分市场作为目标市场,是企业营销的重要战略性决策。通常有以下三种策略可供选择。

第一,无差异性市场营销策略。是指企业在进行市场细分后,不考虑各个细分市场间的差异性,而只注重细分市场需求的共性,把所有子市场即农产品市场的总体市场作为一个大的目标市场,只推出一种农产品并制定单一的市场营销组合,力求在一定程度上满足尽可能多的顾客需求。当消费者对农产品的需求差异不大时,适合采用无差异性市场营销策略。

无差异性市场营销的优点是:由于产品单一,可以实现大批量规模化生产、储存、运输和销售,因而可以降低单位农产品的成本,提高其市场竞争优势。其缺点是:单一的农产品无法满足消费者多样化的需求;一旦有竞争者提供了差异化的产品,就会造成顾客的大量流失;企业过于依赖单一产品,其市场适应能力较差,承担着较大的市场经营风险。

第二,差异性市场营销策略。是指企业针对各细分市场中消费者对农产品的差异性需求,生产不同的农产品,并运用不同的营销组合,以满足不同子市场的需求。该策略适用于从事多种经营的大型农业企业,小型农业企业和单个农业生产者不适宜采用该策略。

差异性市场营销策略的优点是:通过生产经营多种农产品去满足不同消费者的需求,有利于扩大农产品的销售,提高企业总销售量,从而增加销售收入和利润。其缺点是:企业投资大,生产经营复杂,单位农产品的生产成本及经营销售费用高。

在农产品市场产品同质化水平较高的情况下，采用差异性市场营销策略对企业而言意义重大。采用该策略时，企业进行的是小批量、多品种的生产，如面粉生产者推出加工程度不同、规格不同和系列包装的面粉，猪肉生产者生产分割肉等。采用这一模式的农业生产者，特别是规模较小的农业生产者，不宜将目标市场分得太细，因为过细的差异化营销会带来较高的营销费用。

第三，集中性市场营销策略。是指企业集中全部资源和力量，仅选择一个或少数几个性质相似的子市场作为目标市场，只生产一种较理想的农产品，实行专业化经营，力求在较少的子市场上获得较大的市场占有率。该策略一般为资源条件较差的企业或单个农业生产者所采用，如开发特色农业、生产特色农产品等。

集中性市场营销策略的优点是：企业将资源集中于少数子市场，有利于其快速占领市场，树立产品和企业的良好形象，能够节约营销费用，并获得较高的投资利润率。其缺点是：目标市场狭窄，企业产品单一，不能应对市场需求变动的风险。

该策略是农产品生产中普遍存在的一种模式，例如，种植加工专供炸薯条用的土豆品种，养殖专供中高档饭店用的基围虾品种等。

3. 农产品市场定位

农产品市场定位是对指农业经营者根据竞争者现有产品在市场上所处的位置，针对消费者对该产品某种特征或属性的重视程度，强力塑造本企业产品与众不同的鲜明个性或形象，并把其形象生动地传递给顾客，从而确定该产品在市场上的适当位置。

农产品的特色和形象可以通过产品实体方面体现，也可以从消费者心理方面反映出来，还可以从价格水平、品牌、质量、档次、技术先进性程度等方面体现出来。

（1）农产品市场定位的步骤

第一，分析目标市场的现状，确定本企业潜在的竞争优势。企业营销人员通过调查分析，了解熟悉目标顾客对于农产品的需求及其欲望的满足程度，了解竞争对手的产品定位情况，分析顾客对于本企业的期望，得出相应的研究结论，从中明确本企业的潜在竞争优势。

第二，准确选择竞争优势，对目标市场初步定位。企业应从经营管理、技术开发、采购供应、营销能力、资本财务、产品属性等方面与竞争对手进行比较，准确地评价本企业的实力，确定相对优于对手的竞争优势。

第三，准确传播独特的竞争优势。企业通过一系列的宣传促销活动，将其独特的竞争优势准确地传达给潜在顾客，并在顾客心目中留下深刻印象。因此，企业应首先使目标顾客了解、认同、喜欢和偏爱本企业的市场定位；其次，企业通过一切努力强化目标顾客的形象认知、稳定目标顾客的态度和加深目标顾客的感情来巩固市场定位；最后，企业还应密切关注目标顾客对市场定位理解的偏差，或企业市场定位宣传的失误所造成的目标顾客认知模糊、混乱和误会，及时调整与市场定位不一致的形象。

（2）市场定位的策略

第一，避强定位策略。是指企业力图避免与实力最强的或较强的其他企业直接发生竞争，而将自己的产品定位于另一市场区域内，使自己的产品在某些特征或属性方面与最强或较强的对手有比较显著的区别。

避强定位策略的优点主要是：能够使企业较快速地在市场上站稳脚跟，并能在消费者或用户心目中树立起一种形象；市场风险较小，成功率较高。其缺点主要是：避强往往意味着企业必须放弃某个最佳的市场位置，很可能使企业处于最差的市场位置。

第二，迎头定位策略。是指企业选择靠近于市场现有强者企业产品的附近或与其重合的市场位置，与强者企业采用大体相同的营销策略，与其争夺同一个市场。

迎头定位的优点主要是：竞争过程中往往相当惹人注目，甚至产生所谓轰动效应，企业及其产品可以较快地为消费者或用户所了解，易于达到树立市场形象的目的。其缺点主要是：具有较大的风险性。

第三，创新定位。是指企业寻找新的尚未被占领但有潜在市场需求的位置，填补市场上的空缺，生产市场上没有的、具备某种特色的产品。采用这种定位方式时，公司应明确创新定位所需的产品在技术上、经济上是否可行，有无足够的市场容量，能否为公司带来合理而持续的盈利。

第四，重新定位。是指企业为已在某市场销售的产品重新确定某种形象，以改变消费者原有的认识，为产品争取有利的市场地位的活动。当企业的产品在市场上的定位出现偏差、产品在目标顾客心中的位置和企业的定位期望产生分歧、消费者偏好发生变化时，企业往往需要考虑重新定位来摆脱困境。市场重新定位对于企业适应市场营销环境的变化是必不可少的，但在进行重新定位时，必须考虑到由此产生的成本及预期效益。

（二）农产品市场营销组合

1. 农产品市场营销组合的概念

农产品市场营销组合是指农业经营者为了扩大农产品销售，实现预期销售目标，对可控制的各种营销因素进行的合理组合与运用。在20世纪50年代初，根据需求中心论的营销观念，美国的麦卡锡（John McCarthy）教授把企业开展营销活动的可控因素归纳为四类，即产品（product）、价格（price）、销售渠道（place）和促销（promotion），提出了市场营销的 4P 组合。到 80 年代，随着大市场营销观念的提出，美国营销专家菲利普·科特勒（Philip Kotler）提出把政治力量（political power）和公共关系（public relation）也作为企业开展营销活动的可控因素加以运用，为企业创造良好的国际市场营销环境，从而形成了市场营销的 6P 组合。

2. 农产品营销组合策略

（1）产品策略

产品策略是指农业企业或农产品经营者根据目标市场的需要做出的与农业新产品开发有关的计划和决策。一般包括农产品的效用、质量、外观、式样、品牌、包装、规格、服务和保证等。

产品策略是市场营销战略的核心，其他策略——价格、渠道、促销策略等，都要围绕产品策略展开，离开了产品，就无法满足消费者的需要，其他营销活动也就无从谈起。所以，农产品策略是农产品市场营销组合策略的基础。农产品策略具体可包括如下几方面。

第一，开发优质农产品。我国农产品长期存在产品同质化和价格较低的现象，而优质农产品却相对不足。随着人们收入水平的提高及消费观念的改变，对优质农产品的需求越来越大。开发适销对路的优质绿色农产品，既能满足消费者的需要，又能提高农产品的附加值，有助于农民收入增加。

第二，注重农产品的包装设计。农产品包装在农产品营销中具有双重作用，即对农产品的保护和促进销售的作用。精心设计符合农产品特色的包装既可以保证农产品的品质，延长农产品的储存时间，又增加了农产品的美观度，提高产品档次和附加值。

第三，打造农产品品牌。随着社会经济的发展，人们在消费中越来越注重个性化。消费者在选购农产品时也非常注重品牌的选择，也偏爱购买具有较高知名度品牌的农产品。因此，农产品经营者要树立品牌意识，培育强势品牌，提供差异性产品，增强农产品的市场竞争力。

（2）定价策略

定价策略是指农业企业或经营者销售农产品和提供劳务服务所实施的决策安排，一般包括农产品的基本价格、折扣、付款方式和信贷条件等。

定价策略是市场营销组合中最活跃的因素，企业定价既要考虑消费者的支付能力，又要考虑企业的成本补偿和利润水平。

农产品的定价应在充分考虑各种因素的前提下，以成本为底线，遵循优质优价的原则，对优质、特色农产品制定高价。针对农产品易腐、不易长时间储存及消费弹性小的特征，农产品的定价具有较强的灵活性。

（3）渠道策略

渠道策略是指农业企业或经营者为了使其产品进入和达到目标市场所进行的各种活动，包括农产品流通的途径、环节、场所、储存和运输等。其中销售渠道是营销组合的重要因素，而且极大地影响着企业营销组合的其他因素，常见的农产品销售渠道有如下几种。

第一，专业市场。这是最常见的农产品销售渠道，是指通过影响力大、辐射力强的农产品专业批发市场，集中销售农产品。它的优势在于销售集中、吞吐力强、信息集中处理和反应迅速。

第二，贸易公司。指通过各种区域性销售公司销售农产品。贸易公司作为农产品销售的中间商，有其自己的利益要求，农业经营者要重视渠道伙伴关系，充分关注中间商的利益，最大限度地调动他们的积极性，实现双赢共处。

第三，大型超市。指通过大型超市的农产品专柜销售农产品。随着经济的发展，顾客的购买方式发生了变化，越来越多的顾客习惯到大型超市集中购买商品，超市中的农产品专柜能够吸引广大的顾客，有利于提高优质农产品的档次。

第四，直接销售。农业经营者可以直接销售农产品。

（4）促销策略

促销策略是市场营销组合的重要组成部分，在企业的营销活动中具有十分重要的作用。农产品的营销对于促销策略的运用要慎重，最重要的是要围绕营销目标合理预算促销费用，在促销预算范围内有选择地运用人员推销、营销广告、营业推广和公共关系等促销手段进行促销。

三、农产品国际市场营销

农产品国际市场营销是指超越本国国界的农产品营销活动。世界上任何一个国家或地区的农产品市场，都是世界农产品市场的组成部分，农产品国际市场是各国开展农产品贸易的空间平台。

目前，我国的农产品生产已经实现总量平衡、丰年有余。虽然我们要以扩大内需为主，但是也要重视参与国际市场竞争，扩大我国优势农产品如蔬菜、水果、花卉和畜产品的出口。

我国农产品进入国际市场的时间不长且品种不多，涉及的市场领域不宽，缺乏一定的市场经验，在国际市场竞争中面临诸多挑战，主要表现在以下几个方面：一是食品安全问题。我国出口的农产品，难以达到发达国家的品质标准要求。二是国际营销经验的缺乏问题。对国际农产品贸易市场的专业知识比较欠缺,缺乏熟悉国际市场的营销人才。三是产品层次差距的挑战。我国优势农产品均为劳动密集型产品,产品结构层次低,附加值不高。四是各国对本国农产品的贸易保护主义的政策。加入世界贸易组织后,我国出口农产品频频遭受来自国外贸易壁垒的围堵,农产品出口受到较大的限制。

为提高我国农产品在国际市场上的竞争力,突破上述种种挑战,农产品营销者应加强对农产品营销组合策略的研究和运用,其中突出经营特色是农产品国际营销面对挑战的必然选择。所谓特色经营是指农产品国际营销企业在市场营销差异化战略思想的指导下,在所经营的产品、品牌提供的价格、服务及采取的分销、促销措施等方面扬长避短,在国际农产品竞争中将整体劣势变为局部优势,赢得市场发展空间。特色经营能够优化企业的资源配置,提高资源的使用效率,获得较高的经济效益,有利于企业进行正确的目标市场定位,使企业的经营和管理水平得到提升,最终确立在世界市场上独特的经营品牌和风格。农产品特色经营主要表现为以下几个方面。

(一) 产品特色

产品特色是指向国际市场提供区别于其他国家和地区的差异性产品,以满足不同国家或地区市场的特殊需求,并建立起在该区域的市场优势。集中资源发展特色农业,培育具有国际比较优势的农产品是农产品特色经营的基础,其中主要有以下几方面。

1. 结合资源条件,发展精细农业

我国幅员辽阔,物种丰富,各地的自然地理环境和特色农产品各有不同,因此要充分发挥各地的特色优势,寻求各地的最大比较优势,定位农产品的最佳经营品种,把资源优势转变为市场优势,努力把农业办精、办特、办活。

2. 积极发展劳动密集型的特色种养业

如大力发展水果、蔬菜、花卉和畜产品等,因为我国在这些农产品的出口上具有明显的价格优势,特别是畜产品出口占农产品出口总量的40%,竞争优势明显。

3. 开发同一产品的不同用途,满足差异化的需求

针对各种用途而生产的农产品吗,经合理调配后可开拓更为广阔的市场。比如不同品种的柑橘,有专门供应水果市场的,有专门用来生产加工果汁的。

(二) 品牌特色

品牌代表着销售者对交付给购买者的产品特征、利益和服务的一贯性的承诺,久负盛

名的品牌就是质量的保证。品牌特色就是农产品经营者在国际市场营销中打造具有较高知名度和个性特征的品牌。强化品牌经营是农产品国际营销的正确选择。品牌经营有利于促进产品销售，树立产品形象；有利于满足消费者品牌消费的心理和精神需求，培育顾客的忠诚度；有利于带动新产品的销售，扩大产品组合。

打造农产品品牌的方式主要有如下几种。

第一，改善和提高农产品品质是树立品牌特色的关键。要坚持以优良的品种、优质的品质去拓展市场，创立农产品的质量品牌。

第二，发展农业龙头企业，培育知名品牌。要大力发展具有品牌效应、规模效益的农产品加工龙头企业，以农产品加工业的发展带动种养业的发展；要优先鼓励农产品深加工特别是外向型深加工企业，提高农产品附加值，增强国际市场竞争力。

（三）价格特色

价格是国际市场营销中十分敏感而又难以控制的因素，它一方面关系着市场对产品的接受程度，另一方面制约着市场需求和产品利润的高低，影响生产经营者和消费者等各方面的利益。在农产品国际营销中，主要应注意差别定价策略的运用，进而形成自己的价格特色。

1. 同类产品的差别定价

要对同类产品实行分级分等，按照不同等级制定高低不同的价格，"一分钱一分货"，按质论价的做法能使消费者产生货真价实的感觉，从而比较容易接受，有利于扩大农产品的销量。在对农产品进行分级时，除了考虑农产品的内在品质，即提供给消费者的基本效用外，还应考虑农产品的包装、装潢、附加服务等给消费者带来延伸效用的因素。国际农产品经营者应注重开发产品的延伸效用，为购买者提供比同类产品更多的购买利益，这样可以从产品较高的定价中获取更多的附加利益。

2. 进行国际市场细分，实行区域差别定价

农产品国际营销者应对全球市场进行细分，根据不同国家和地区的消费者的收入水平、消费偏好、消费心理等因素，实行区域差别定价。

（四）渠道特色

渠道特色是指选择与自身经营条件相适应的销售渠道。农产品经营者应选择有丰富国际营销经验的经销商与之联合经销，或委托国际中间商代理分销，以弥补农产品经营者国

际营销经验的不足，快速开拓国际市场。

我国农产品开辟国际市场可取的办法是与国际农产品经营企业开展联合分销，外联国际市场，内联国内生产基地，积极寻求与跨国公司建立业务伙伴关系。借助跨国公司的全球营销网络是一种必然的选择，例如，大型跨国零售企业沃尔玛、家乐福等就将我国的大批农产品纳入其全球采购体系，通过其分布在多个国家和地区的分店在全球市场进行售卖。

（五）促销特色

促销是企业在买方市场条件下占领市场的"金钥匙"。农产品经营者在促销手段的运用上应避免雷同和缺乏特色，要采用灵活多样、针对性强的促销方式，使促销活动成为强有力的竞争武器。

在我国农产品的国际营销中，应特别重视国际公共关系和广告策略的使用。在国际公共关系方面，要充分利用世界贸易组织规则提供的有利条件，积极寻求与主要农产品进口国签订贸易协定，为农产品长期稳定地进入国际市场铺平道路。在广告宣传上，要突出我国农产品的特色，同时可配合宣传中国的民族文化和风俗习惯，激发消费者的购买欲望。由于我国农产品主要以农户经营为主，没有条件独立进行促销宣传，这就需要政府以官方或半官方的形式牵头，由农产品经销商组团，向各国的政府官员、工商界和消费者宣传中国的产品及营销政策，提高我国农产品在国际市场的影响力和竞争力。

第五章 农业产业转型发展

第一节 农业产业转型概述

一、农业产业转型的概念界定

国际上,较早提出"农业转型"一词的是托达罗(Michael P. Todaro)。托达罗认为农业转型就是农业发展阶段的演进。他将农业发展阶段演变分为三个阶段:第一个阶段是最原始的维持生存的传统农业阶段;第二个阶段是混合和多样化的家庭农业阶段;第三个阶段是专业化的现代农业阶段。在这个框架之下,很多学者对农业产业转型问题进行了研究,也形成了不同的观点和看法。综合来看,学术界中关于农业产业转型概念的主要观点有以下几种。

第一种观点:农业产业转型是一个以市场化为导向、以推进农业产业化经营为主体的经营机制转换过程,即由小生产向大生产推进、由分散经营向一体化经营跃升、由粗放经营向集约化经营转换的过程。这种观点也被称为"农业产业转型论"。

第二种观点:农业产业转型是一个持续不断的制度变迁的过程。就农业产业转型的本质而言,它不仅仅是简单地用一种管理方式替代另一种管理方式,用一种调节机制代替另一种调节机制,其本身蕴含着复杂的制度变迁和社会变革的过程。而且这种社会变革必须是与经济发展模式相联系和相适应的。因此,农业产业转型是一个与生产力发展、经济基础和社会结构等制度变革有机地联系在一起的制度变迁的过程。这种观点被称为"制度变迁农业转型论"。

第三种观点:农业产业转型是以实现农业现代化为具体目标的,是农业由传统农业向现代化农业转型的过程。但同时这一过程还伴随着制度变迁、体制改革、技术创新、生产方式转换、产业组织形式转型、结构调整和优化、增长方式转变等形式,因此这种观点也被称为"广义农业转型论"。

第四种观点：农业产业转型是将农业从以农业为主导的产业结构转向以非农产业为主导的产业结构的转化过程。这种产业结构的转化具体包括农业结构层次的高级化、农业结构形态的高质化和农业结构功能的高附加值化。这种观点也被称为"狭义农业转型论"。

虽然上述各种观点对农业产业转型的定义的具体描述不尽相同，但对农业产业转型的内涵表述基本一致，大体上都将之表述为对传统农业进行改造，实现和发展现代农业的过程，即实现由传统农业向现代农业的转型。

二、农业产业转型的发展方向

（一）从计划农业向市场农业转型

在我国计划经济时期，农业领域也实行计划经济的制度和体制，国家通过制定各种类型的计划对农业生产与资源配置进行高度集中的调节和管理。计划农业的缺点不言而喻，导致我国农业的长期弱质性。同时这些缺点也成为我国农业领域启动制度与体制改革的基点，引领我国经济逐步迈入市场化改革发展的轨道。在这一转型过程中，我国农业计划调节和配置的范围逐步缩小，而市场调节和配置的范围逐步扩大，市场机制在我国农业资源配置中的基础性作用日益增强。农业由计划调节向市场调节的转换过程，同时也是我国农业的市场化过程。但从目前的实践来看，转型发展问题的关键在于如何在既定的制度基础上，建立"经营形式"与"市场机制"之间新的均衡机制。以家庭为基础的承包经营制度不断巩固和完善，农村集体经济和合作经济得到一定的发展，在坚持统分结合的双层经营机制的基础上，我国逐步推进了土地经营权关系的变革与创新；农村市场化建设步伐加快；农业产业化经营不断发展，对相关产业，特别是对农村非农产业（第二、三产业）的发展产生了一定的推动作用；农业产业结构和产品结构的合理化水平不断提高，初步形成了以粮食作物、经济作物和饲料作物为主导的"三元产业格局"，同时形成了以"优质、高效、特色、专用"产品为主体的产品结构体系；农业产业布局逐步趋于合理化，主要农产品逐步向优势产区集中，资源比较优势逐步显现出来；非农产业持续快速发展，乡镇企业逐步摆脱低谷；城乡经济互动，共同发展，农村城镇化水平不断提高。

可以说，这些新特点既是我国农业和农村经济发展进入新的成长阶段的标志，同时也揭示了在新的发展阶段中，我国农业和农村经济转型发展将面临更为严峻的问题：当我国农业进入新一轮的发展阶段时，家庭联产承包责任制对提高农业的自我积累和自我发展能力、促进农业的转型发展等方面的作用已日益弱化。实际上，尽管我国农业已经进入发展的新阶段，但其制度基础的核心（家庭联产承包责任制）却并未发生更深刻的变化。如何在不断巩固和完善这一制度的基础上，实现农业更快地增长，成为在新阶段中，农业发展的主题。

（二）从传统小农业向现代大农业转型

可以从许多不同的侧面对我国传统农业的特征加以描述，如经营规模、技术运用、耕作方法、组织化程度、市场意识等方面。所有这些描述的整合可以为我们揭示出了传统农业的基本特质。因此，本研究认为我国传统农业可被称为"小农业"。"小农业"通常内生"小市场、小经营"，从而使农业成为弱质产业。我国家庭联产承包责任制下的农业，尽管具有一定的发展活力，但其制度变迁的空间有限，并且持续的制度变迁的成本也将增加。因此，家庭联产承包责任制虽然实现了对传统集体经营制的替代，但生产的经营形式或经营机制却由集体回归到家庭。换言之，这种回归现象至少表明，我国农业的经营规模以及在组织化方面实际上仍处于相对较低的水平。进一步分析后还可以得出，在家庭联产承包责任制下，农业的技术运用、基础设施投资以及防范市场风险等方面的能力实际也很弱。这表明：我国目前尽管实现了农业经营的制度变迁，但小农业的弱质性将会继续存在下去。那么，如何在稳定家庭联产承包责任制的框架下，消除小农业自身的弱质性？目前，在学术界中基本一致的观点是，应对家庭联产承包责任制实行有限制度变迁，即通过各种不同形态的创新制度安排来达到增加制度收益的预期。其中，"创新制度安排"较为典型、具有代表性意义的一种形态就是生产"组织形式"的创新或变迁，即由"农户经营"向"以农户为主体的联合体的集体经营"复归。这种"以农户为主体的联合体"的组织形态，就是目前在我国农村中广泛存在的"农业合作制""农业股份制""股份合作制""农业产业化"等经济形式。作为新型的农业经营形式，这些经济形态表现出了无可替代的优越性，是我国实现由传统小农业向现代大农业转型的必由之路。

（三）从封闭农业向开放农业转型

中国具有的最充裕的要素是劳动力，较稀缺的要素是资本、技术和土地。相对于其他产业部门而言，中国的农业属于劳动密集型产业，中国农业的比较优势集中于劳动力资源，因此将中国农业的比较资源优势转化为比较竞争优势的关键是如何使中国农业劳动力资源得到最合理有效的配置。但是，在封闭农业的体制下，这一转换机制受到极大限制和约束。封闭农业也叫作"内向型农业"，其基本特征可被概括为"国内生产、国内市场、国内分工"。这种"内向型"格局所导致的农业"分工不经济""规模不经济"，使我国农业的比较利益长期处于十分低下的水平。因此，在农业领域实行对外开放，发展"外向型农业"将是我国农业充分发挥比较优势的必然举措。"外向型农业"坚持"两个市场、两种资源、国际分工"的发展原则,将国内市场与国际市场有机衔接起来,将国内分工有效嵌入国际分工体系中,依据比较优势原理组织和配置农业经济资源。相对于封闭农业而言,开放农业在一定程度上使我国农业具有比较资源优势。因此,从理论上说,农业开放将使中国农业从世界农产品贸易自由化中获取巨大的相对收益。

但是预期的开放收益并不等于现实的经济收益。在特定经济发展阶段中,预期的开放收益取决于农业对外开放在质、量、度等方面的实际状况。而农业的开放性与农业的产业性质有关。越是弱质的农业,开放启动就越困难,而开放性越弱,农业的比较资源优势也就越难以有效转换,从而使农业产业性质的提升也就越困难。因此,农业开放与农业转型发展实际上是一个辩证统一的过程,而架设由封闭农业向开放农业持续深入转变的桥梁就是农业产业化经营。可从两个方面对此加以阐述。第一,国内市场需求扩大受限,使得中国农业的发展后劲不可能完全依赖国内市场的需求拉动。第二,农业产业化经营是实现我国农业与国际市场有效接轨的重要途径。国际市场是一个具有严格"标准性"和"交易规则约束"的市场,因此国际市场上的农产品流通也就具有严格的组织化和标准化的职能。这些职能要求农产品的供给必须符合国际惯例或规则,否则将难以有效进入国际市场。这就要求农业生产具有规模性、专门性、组织性和高度的技术集约性。换言之,小农业将被国际市场拒之门外,只有现代农业才能实现与国际市场的有效接轨。现在的问题是,我国农业的现代化水平相对较低,农业生产的规模、专业化、技术集约性都十分有限。因此,若想有效参与国际分工并实现预期的比较利益,不在根本上改变我国传统小农业的生产方式是不可能的。由此可见,尽管国际市场对我国农产品的有效需求巨大,但由于我国小农业生产的局限性使得这些有效需求的实现受到了相对限制。通过农业产业化经营的转型发展,不断提升我国农业的现代化水平,将是促进这些国际市场潜在需求转化为现实需求的基础。

三、全球化下的农业发展态势

进入 21 世纪后,全球一体化和经济全球化的趋势越来越明显。农业作为世界各国的重要产业,其发展既面临新的、难得的历史机遇,同时也面临着诸多困难和挑战。我国农业在经济全球化和现代科技进步等大背景下,也发生着深刻的变化,当前我国农业的发展有以下几个明显趋势。

(一)科学技术和信息技术推动农业发展

1. 科学技术已成为推动农业发展的根本动力

从宏观上看,全球农业正处于传统农业与现代农业并存阶段,无论是加速由传统农业向现代农业转变,还是推动现代农业向更高层次发展,都越来越依靠科学技术。从客观上看,一方面,发展农业经济,大幅度提高土地利用率、劳动生产率和产品的商品率,提高整体效益,必须依靠科学技术的进步;另一方面,科学技术的迅速发展推动了农业生产日益科技化,也使得科学技术成为推动农业发展的根本动力。

科学技术的进步与应用对农业生产结构、农业生产方式、农业生产效率以及农村社会发展、农民生活水平等都产生了巨大影响。20世纪中后期兴起的设施农业、精准农业等,无不是农业科技进步及农业科技成果广泛应用的结晶。

农业产业化要取得实质性的重大突破,就要依赖于科技进步。据统计,发达国家科学技术对农业增长的贡献率平均达80%以上。

科学技术发展与应用对全球农业的推动作用突出表现在两个方面。一是以基因工程为核心的现代生物技术应用于农业领域,培育出一批产量更高、质量更优、适应性更强的农作物新品种,使农业的自然生产过程越来越多地受到人类的直接控制。利用生物技术,人类已培育出一批具有优质、高产、多抗、专用、特用等目标性状的水稻、小麦、棉花、蔬菜以及猪、羊、兔等动植物新品种。利用物理及化学诱变源技术、染色体技术、细胞工程育种技术、基因工程育种技术、分子标记辅助育种技术等生物技术,不断丰富了农作物遗传改良途径,不断创新了育种技术和方法,并将之成功应用于玉米、水稻、小麦、棉花、油菜等农作物的种子改良。同时,畜禽育种及繁殖技术、细胞遗传学和分子遗传学的应用,为培育出许多优良的畜禽新品种提供了技术基础,家畜胚胎移植技术及其他繁殖新技术已经产业化。二是以高科技为基础的设施农业逐渐兴起,从根本上改变了农业的传统生产方式。随着农业环境工程技术的发展,设施农业也迅速发展起来。农业环境工程技术是一种集约化程度很高的农业生产技术。设施农业摆脱了传统农业生产条件下自然气候、季节变化的制约,不仅使单位面积产量及畜禽个体产量大幅度增长,而且保证了农牧产品的供应,尤其是保证了蔬菜、瓜果和肉、蛋、奶的全年均衡供应。其中,工厂化种植技术使农作物的生长速度大大加快,生产周期大大缩短,产量大大增加;工厂化养畜禽技术通过人工控制环境温度和饲养等,使鸡、猪、羊、牛等禽畜的产肉量、产蛋(产奶)量大大增加。而在此基础上的工厂化农业车间,则将种植业和养殖业结合起来,形成了连续的产业线。在知识经济与经济全球化进程明显加快,科技实力竞争已成为全球各国综合国力竞争核心的大背景下，全球农业发展的实践证明农业发展已离不开科学技术的应用。同时，科学技术在推动农业产业化方面也具有决定性作用。先进国家的农业产业化建设，无论是在生产领域、加工贮藏领域还是经营管理领域，都非常注重提高科技含量，提高劳动者素质，提高劳动生产率，以加快农业科技向现实生产力转化。

为推动科学技术在农业领域的深入应用，提高农业产业化发展水平，全球主要国家和地区纷纷制订农业发展规划，制定农业科技政策，调整和改革农业科技体制和运行体制，增加农业科技投入，加速农业科技产业化发展。受此推动，以农业生物技术和信息技术为特征的新的农业科技革命浪潮正在全球各国全面兴起。发展中国家则选择以主要作物的高产品种和高产技术为突破口，发展灌溉技术和旱作技术，以解决大片半干旱、干旱和沙漠地区的农业生产问题，全面推动第二次绿色革命。

在推动农业快速发展的同时，农业科学技术自身也实现了突破。农业科学通过与生物科学的交融、更新和拓展，从理论、方法、技术手段上加速更新传统的农业科学及基础学科（如遗传学、育种学、土壤肥料学、作物栽培学、畜禽饲养等），发展已经形成的交叉学科（如农业生物学、农业物理学、农业气象学、农业工程学等），促进农业新的分支边缘学科体系的构建（如农业生物工程学、农业能源学、农业环境学、农业信息学、核农学、太空农学等），从而在学科分化和综合的基础上，从整体水平、学科结构、应用领域方面把农业科学推进一个新的发展阶段。

为推动农业发展水平的进一步提升，全球农业科技发展正以优化结构、增加产量、提升品质、提高资源利用率和经济效益、保护生态环境为主要目标围绕六大项任务开展工作。一是充分利用生物的遗传潜力，培育高产、优质、抗逆性强的动植物新品种，重视资源与环境问题。二是保持和提高土壤肥力，通过土壤培肥和科学施肥，改善土壤物理化学性质，创造有利于作物生长的最佳条件，提高土地生产力。三是保护和有效利用水资源，缓解水资源不足和农业需水量增加的双重压力，提高水资源利用率。四是确保食物安全、人类健康，建立和完善一套有效的粮食与食物保障体系，改善人们的膳食结构，提高营养水平和健康水平。五是提高科学种植与养殖水平，提高农业生产各个环节的科学化、规范化、标准化，提高农业防御自然灾害能力，提高动植物综合生产力。六是改进农产品加工、贮运技术，大力发展农产品保鲜、加工、贮运、包装、销售和综合利用等技术，为农业产业化经营提供技术保证。

为此，全球农业科技正在深度和广度上进一步发展，集中表现出以下趋势。一是农业科技成果，尤其是创新成果将不断涌现，特别是在农业生物技术（包括基因资源的收集、转基因动技术、基因工程育种、动物克隆技术等）、农业工程技术（包括设施农业技术、农产品加工增值技术、高效节水少肥减药技术、农业机械化技术等）和农业信息技术（包括农业专家系统、网络技术及应用、虚拟农业、精准农业等）等方面将会有新的突破、新的飞跃。二是农业科技贡献率进一步提高。三是农业科技成果的普及和应用渗透农业的方方面面，这样，农业科技成果不仅能在农业生产过程中发挥作用，而且在农业产前、产后能发挥作用，真正实现产前—产中—产后相结合，科研成果产出—推广—应用—普及一条龙。总体来看，随着未来新技术、新材料、新能源的出现，将使现代农业发生深刻变化，农业生产率显著提高。

2. 信息技术的支撑推动作用日益增强

信息技术是 21 世纪农业发展的主要科学技术之一。信息化是全球农业发展的大趋势。当前，信息技术正在渗透到农业的各个领域，使农业生产活动与整个社会紧密联系在一起，可以充分利用社会资源解决生产过程中的困难，对整个农业生产、农业经济、农业科研、农业教育以及农村发展和农村文化生活产生无法估量的积极影响，推动农业发展进入新的阶段。同时，从工业化社会走向信息化社会，从农业现代化走向农业信息化，是人类社会进步和农业发展的里程碑。发达国家正力图保持在农业信息科学技术领域的领先地位，发展中国家也力图在若干重要领域占领农业信息科学技术的前沿阵地，充分发挥信息技术对农业发展的支撑作用已成为推动农业发展的必由之道。

信息技术的应用能够加速传统农业的信息化改造和农业管理自动化。信息技术可以应用于农业环境与控制、动植物生产、动物育种、农业机械、防灾减灾、农产品贮藏与加工、农业经济管理等各个领域，使经验型和分散型的农业技术趋于定量化、规范化和集成化，改变农业科技和生产管理的经验性强、科学性与精确性不够的缺陷。例如，21 世纪将有更大发展空间的"精准农业"就是一种利用信息技术获取数据以支持作物生产决策的管理策略，其根本目的就是要提高资源利用率，增加利润，减少农业生产对环境的负面影响。具体来看，信息技术对农业发展的支撑推动作用突出表现在农业生产、农产品流通、农业管理等过程中。

在农业生产过程中，信息技术已应用于农业基础设施装备中，能够实现通过计算机自动控制水泵抽水和沟渠灌溉排水的时间与流量，能够自动监测、调节和控制农产品仓储内部的因素变化，能够自动控制畜禽棚舍的饲养环境。信息技术在农业技术操作方面的应用，实现了农作物栽培管理的自动化，可以通过在田间设置自动养分测试仪或设置各种探针定时获取数据，利用计算机分析数据，确定施肥时间、施肥量、施肥方法，使用田间遥控自动施肥机具实现自动施肥；实现了农作物病虫害防治的信息化，可以通过在田间设置监测信息系统，通过网络发出预测预报，利用计算机模型分析，确定防治时间和方法，采用自控机具、生物防治方法或综合防治方法，对病虫害实行有效的控制；实现了畜禽饲养管理的自动化，可以通过埋置于家畜体内的微型计算机及时发出有关家畜新陈代谢状况的信息，通过计算机模拟运算，及时判断家畜对于饲养条件的要求，及时实现输送饲料，实现科学饲养。

在农产品流通过程中，农产品批发市场通过采用电子结算等现代交易方式，促进交易。利用信息技术还可以建立能提供政策、市场、资源、技术、生活等信息的网络体系，及时准确地向农民提供政策信息、技术信息、价格信息、生产信息、库存信息以及气象信息，提供中长期的市场预测分析，指导帮助农民按照市场需求来生产和经营。同时，运用电子商务等灵活的信息技术手段，农民可以在网上洽谈，交易在网上实现，降低农产品的销售成本；通过网上信息分析和专家的科学预测，农民可以在网上获得市场行情和发展预测分析，在网上获得农业生产订单，减少农业生产的盲目性；利用计算机网络技术，农业生产者可以与不同产业结盟，共同经营，共同管理，共同打造品牌，稳定市场占有量，并不断拓展新的市场。

在农业管理过程中，计算机决策支持系统能根据农场自身具体情况，及时进行模拟决策，还可以即时了解市场信息和政策信息，按照市场需求选择生产和合理销售产品，以发挥优势，取得最佳的经济效益。通过进入外部的信息网络，农场经营者广泛获取各种先进的科学技术信息，选择最适用的先进技术，装备自己的农场，不断提高农场土地生产力和劳动生产力，以获取最佳的生产效益。

信息技术还为农业科技研究提供了重要手段。借助于信息技术手段，系统方法、信息方法和控制方法等将在农业科研中发挥无法估量的巨大作用。信息技术为农业科研开辟了全新的领域，农业各行业均需要开发出大量的应用软件。全球信息资源网将为农业高新技术的跨国家、远距离的研究、交流和转让创造条件。同时，农业信息化将使未来全球农业具有一系列不同于现代农业的特征，使资源的利用率和劳动生产率显著提高，降低对环境的负面影响。受惠于信息技术的发展和广泛深入应用，现代农业的智能化程度将越来越高，农业自控化、智能化和数字化程度将不断提高，农事操作将更加标准、科学和高效。

（二）规模发展是重要方式，跨国企业的主导地位稳固

1. 规模发展已成为推动农业发展的重要方式

农业生产规模越来越大，经营越来越产业化、一体化和社会化。这使得规模发展成为现代农业发展的必然。通过增加投入、应用先进的科学技术和装备、强化组织管理等，集约化的现代农业生产规模越来越大。规模发展使农户在广泛参与专业化生产和社会化分工

的基础上，能够运用产业化方式经营农业，从而取得更佳的效益。从实践来看，国际市场上许多具有独特竞争优势的农产品都来自大规模的专业化农业产区，如来自美国玉米带和棉花带的玉米、棉花，来自荷兰的花卉、比利时的鸡肉产品等。这些产业区往往以某种农产品为核心，集中了专业的农产品生产者、加工者、销售者以及科研、服务机构，以专业化和规模化形成独特竞争优势。可以说，规模化发展和与之相应的专业化发展已成为全球现代农业发展的重要方式和趋势。

规模化是现代农业发展的必然方向。单个小规模农户对自然灾害的防范、控制、化解能力差，在遭遇灾害时损失较大，不但不具有市场价格谈判能力，反而容易被市场价格左右，获利小。而通过组织集中和规模化发展可以降低交易成本、延长产业链条、扩大经营规模，因此提高了抗风险能力和生产效率。而且，组织集中还促成集中后的组织能够建立更有效的制度体系。针对多阶段的农业产业特性，满足优化产品结构的需求，组织往往会选择垂直一体化和横向合并的方式实现集中。组织的垂直一体化使上下游产业联动，实现产业链协同的规模收益；组织的横向合并在增加多样性产品的同时降低了产业风险。无论是垂直一体化还是横向合并都是组织为减少交易成本、增加规模收益的内部化行为选择。

2. 农业跨国企业的主导地位日益稳固

人们的传统观点认为农业是最接近完全竞争的产业。但自20世纪80年代以来，农业跨国企业异军突起，不但改变了所在国农业组织模式和产业市场结构，获得了组织规模集中的巨额利润，而且随着进入发展中国家的资源供应市场、技术市场和食物供应链环节的全球化，实现全球农业布局，将世界农业市场纳入一体化运作中，为跨国企业获得巨额利润奠定了稳定而持久的基础。农业跨国企业成为主导全球现代农业发展的重要主体。

（三）产业化发展推动生产主体的组织形式变革

1. 农业产业化成为农业发展的必然选择

农业的市场化推动和引领了农业的产业化发展。产业化农业对农业发展的催化作用日益显著。农业产业化也被称为一体化农业，是农业发展到一定阶段的必然产物，是现代农业发展的方向和一般途径，既指生产、加工、运销等产业结合在一起的经营形式，也指农业生产者与工商企业结合在一起的经济联合。与传统的"农民农业"相比，产业化农业具有企业规模较大、拥有较强的农业技术力量、实行高度的专业化生产和科学化组织、使用现代化的农业生产装备和现代化的经营管理方法、商品率高、从业者为非传统意义上的农民、其农产品在国际市场上具有较强的竞争力等基本特点。

2. 生产主体的组织形式发生巨大变革

现代化农业建立和发展的关键在于技术进步，而经济组织的结构决定了经济实绩及知识和技术存量的增长速率。在农业产业化发展背景下，农业生产主体的组织形式正在发生巨大变革。

农业产业化不可能自发而成，需要一种有效的组织形式作为载体。在发达国家，农业产业化按组织者的权力大小一般分为两种，即完全的产业化和不完全的产业化。完全的产业化是将生产资料的生产、农业生产和农产品加工与销售等不同部门纳入一个统一的经营体系之内，一切决定由组织这个综合体的工商企业集中做出，农场主只是按照产业化决策进行操作。不完全的产业化是指仅有合同关系的松散型产业化。它多半是由食品加工厂或农产品销售商与农场主按照事先签订的合同，以及双方商妥的价格、数量、时间收购农场的产品。为了保证收购产品的质量和规格统一，有些合同也对农场的生产方法和手段做出规定，并且公司对农场供应一定的生产资料。

以上两种形态的农业产业化都涉及产业化合同产销。农业产业化合同销售是一种现代销售制度。自从20世纪50年代美国创立农业综合企业以来，农业产业化一直是解决产供销问题的最好形式。农业产业化的合同销售属于期货交易，不用现货交易，签订合同与交货不同时发生。在期货市场发达的西方国家中，这种合同已经规范化，规定商品数量、资金、交货地点、交易方式和付款方式，其产品不经过批发市场和商品交易所而直接进入产业化加工厂。

随着农业产业化的推进，农业生产的组织形式也在发生变革，一些新的形式不断涌现，对推动农业发展起到促进作用。

一是"工商企业+农场"的产业化模式。农场或农户与有关工商企业通过合同联系起来，组成农工商综合体，也叫利益综合体。这是西方发达国家农业产业化最主要的形式，广泛存在于现代化农业国家之中。这种综合体大多数都以一两家私人工商企业为核心，少数以合作社或者大农场为核心，利用合同把生产、交换和分配过程联成产业。农场向工商企业提供农产品，工商企业向农场提供生产资料、技术和贷款。农场必须按照合同规定进行专业化生产，并使农场内部管理满足合同要求。工商企业则有权监督和参与改进农场的经营管理，提高农场的运营效率。美国农业领域已普遍采用这种模式，一般由公司与农场主签订协作合同，将产、供、销联合为一个有机整体。这种产业化形式之所以能在牛奶、果蔬、甜菜等生产中得到较快发展，与这些产品生产的特点有关即这些产品需要及时加工、冷藏和销售。在畜牧业中，产业化水平最高的是养禽业，发展较差的是养猪业。美国的农业产业化发展较快的第二大行业是蔬菜、水果类生产和加工。这是由于果蔬产品易腐烂、不便运输，需要向市场快速供货；同时，消费者对这类产品质量要求较高。因此，产、供、销一体化有助于经营者获利。

二是"公司+基地+农场"的产业化模式。该模式主要由大的企业或公司直接介入农场，从事大规模的农业生产，并将农业同产品加工储运、销售以及生产资料的生产与供销结合在一起以形成完整的经济体系。这种模式的主要特点是公司或企业与农产品生产基地和农户构成紧密的农业产业化生产体系，其最主要和最普遍的联结方式是合同（契约）。这种农业公司大多数没有土地，只有厂房。在实际运行中，公司或企业与生产基地、农户签订产销合同，规定签约双方的责权利，企业对基地和农户采取明确的扶持政策，提供全程服务，设立产品最低保护价并保证优先收购，农户按合同规定定时定量向企业交售优质产品，由企业加工、出售制成品。泰国的正大集团就是这种产业化形式的典型代表，英国樱桃谷饲料有限公司也属于此类。"公司+基地+农场"的模式与市场联系比较紧密，便于做到以销定产，避免生产的盲目性；公司实行集中统一的经营管理，有利于降低风险和管理成本，提高效率；公司利益与农民利益一致，能促进产业化经营，推动生产力发展。

三是"工业、商业、金融业及农业企业+农场"的产业化模式。该模式中一般由工业、商业、金融业和农业企业以互相控股投资的形式组成混合公司，其中，包括由多个农场主合作组成的公司农场。以这种公司法人团体联合而成的企业涉及面较广，但一般以一两个控股企业为核心。其运作机制是，由持股人拥有，控股人管理，持股人按股份拥有比例分红。这种形式在法国很流行。如法国的由国有矿化公司所组成的综合体共有工矿企业、商业运输公司、银行服务等50多家企业及400多个农业合作社。经营范围有农产品生产、加工、采购、储运、销售、出口，矿产品，化肥，农药，机械制造及科研服务等。它在美国、加拿大、比利时、刚果都有分公司。这种"内容丰富的联合体"实际上是农业合作社的一种形式，与一般销售合作社不同的是，它可以收购和销售非社员的产品。同时，这类联合体的多元主体的资本互相渗透，不具有传统意义上合作社的劳动联合性质。

四是"合作社+农场"的产业化模式。这是农场主为降低经营风险自愿组合到一起的产业化形式。其目的是将农业产前的生产资料供应，产中的时间和资金贷款服务，产后的农产品加工和销售组合成产业，形成以农业为主体的综合结构。西方的农业合作社主要有销售合作社、生产资料供应合作社、农产品收购合作社、农产品加工合作社、农业劳动合作社、农业设备合作社、农业技术中心和多功能的合作社等。各类合作社虽然各有各的具体功能，但其共同作用是为农场主提供多层面的社会化服务。合作社是发达国家很流行的一种农业产业化组织形式。在西方国家中，农业合作社是数量最多、规模最大的企业，一半以上的农村经济网点被控制在农业合作社手里。西欧农民的供销合作社和食品合作社在组织农产品收购、加工和出口方面发挥了巨大作用。

五是"农协+农户"的产业化模式。这是由农协等合作组织牵头，组织农业生产资料生产、供应和农产品收购、加工、储运、销售的产业化经营组织。它是农民面向社会化大市场为发展商品经济而自愿地或在政府引导下组织起来的，具有明显的群众性、互利性和互助性，有正式的章程和会员证。在世界各国中，合作社的具体形式有所不同。

六是泰国的"政府+公司+银行+农户"产业化模式。泰国是一个以农业为主的发展中国家。泰国政府把农产品加工作为国民经济高速发展启动阶段的突破口，制定和实施了以农产品加工为重点的农业工业化战略，并逐步发展、完善成为"政府+公司+银行+农户"的农业产业化发展模式。这一模式的实施，使农民从单纯的原料供应者上升为制造业和商业的参与者，使农产品加工业成为出口业的支柱，使农业和工商业的关系密不可分，促进了国民经济的持续高速发展。

我国农业经营主体也呈现出多样化格局。从经营方式看，以家庭小农场为主，企业方式经营的大农场为辅；从经营属性看，以纯农场为主，兼业经营农场为辅；从投资来源看，以农民经营的农场为主，非农部门投资经营的农场为辅，其中还有一定量的外商投资农场等。例如，浙江省目前的农业经营主体除一般的小农经营主体外，还出现了以专业大户、专业合作社和农业龙头企业为代表的新型农业经营主体"三分天下"的新格局。在此基础上，广大农民群众和基层干部还探索出了"合作社+农户""龙头企业+合作社+农户""合作社+基地+农户""龙头企业+合作社+基地+农户"等多种符合当地实际需要和产业特点的经营组织形式，标志着以新型农业经营主体为核心、多样化的农业经营组织形式正在不断地发展。

随着农业产业化发展水平的提升，农业产业区等新的概念也逐渐形成并发挥作用。农业产业区是提高农业产业化竞争力的一种高级形式，是竞争型的农业产业化。它的本质是以具有资源优势的特定农产品为核心的农业产业集群，它与其他产业区一样具有专业化、规模化的特点，能够发挥集聚经济效应，对提升当地农业产业的整体竞争力有明显的促进作用。从国际农业发展的实践及近年来我国各地的实践来看，农业产业区是一种提升农业综合生产能力的有效方式。国际市场上许多具有独特综合生产力和强竞争力的农产品都来自大规模的专业化农业产业区。随着市场经济的深入发展，我国也自发形成了一些初具规模的农业产业区，比如河北清河羊绒集镇的羊绒产量占全国产量的4/5、云南斗南的花卉占到了全国市场份额的1/3、山东金乡的大蒜占到了全国产量的1/4和出口额的7/10等。

这些产业区是以某种农产品为核心，集中了专业的农产品生产者、加工者、销售者以及科研、服务机构，以专业化和规模化取得独特竞争优势。可以说，从农业产业化到农业产业区是农业产业发展的一种新发展思路。农业产业区丰富了农业产业的组织形式，建立了小规模经营者与大市场的多样化、复合的连接机制，是提升农业综合生产能力的一种有效发展形式。以农业产业区发展战略促进农业发展不仅有利于以市场和资源优势为基础进行农业的专业化区域分工，而且能够形成专业化分工协作的产业组织网络，创造难以模仿的规模优势和专业化优势，提升产业整体的竞争力。

（四）市场化带来了国际化发展

1. 市场化成为增强农业活力的重要因素

农业市场化是指农业由自给自足的自然经济向专业化分工协作的市场经济转变的过程，包括资源配置、生产要素组合、生产资料和产品购销的市场化。农业市场化意味着农业的经济活动不是由政府分配的，而是由市场机制进行调节的，市场机制在农业的资源配置中起基础性作用。具体来说，农业发展所需的资金、技术、人才、劳力、土地资源、设备等生产要素都主要依靠市场机制得以配置，而不是靠计划来分配的；农业生产、加工、流通环节所需的生产资料、社会化服务等，也都依靠市场机制得以配置。相应地，通过市场销售农产品，国家和政府不包销、不分配。

农业市场化的主要作用可以被概括为四点：一是可以更好地满足国民经济发展对农产品的需要；二是可以充分发挥各地的资源优势，提高全社会的资源利用率；三是可以促进农业生产者改进生产技术，提高产品产量和质量，降低生产成本；四是可以调节利益分配，合理构建各种经济关系。

2. 农业国际化已成为重要发展方向

农业的市场化自然而然带来了农业的国际化发展。农业国际化是世界经济全球化在农业领域的直接体现。全球农产品市场一体化格局是农业现代化的标志。随着经济全球化发展，世界各国农产品生产和市场以及农产品国际贸易紧密联系在一起，农产品市场一体化程度越来越高。一些大型农产品营销企业积极参与农业国际化竞争，有力地推动了全球农产品市场一体化进程。各国农产品市场互相促进，农产品进出口贸易日益活跃。特别是电子商务、连锁经营等现代营销技术和手段的发展，有力地促进了全球农产品市场一体化体系的形成。与此同时，世界农业科技的发展和农业生产力水平的提高，要求世界农业向专业化生产发展并实现国际分工。农业国际化发展的具体表现可以被概括为以下四个方面。

一是农业管理规则国际化。在世界贸易组织体制下，农业问题长期游离于国际规则和纪律的管理之外，各个国家根据本国的需要制定自己的农业生产、贸易的政策措施，农业保护主义盛行，国际农产品市场严重扭曲，导致国际农业贸易纠纷不断。乌拉圭回合农业协议第一次把农业问题纳入多边管理体制框架中，使世界农业有了多边规则和纪律。世界贸易组织诞生后，延续了相关国际规则和纪律，奠定了农业国际化的法律和组织基础，为农业国际化的发展提供了国际规则保障。

二是农业生产国际化。随着产品专业化和国际分工化日益深入发展，世界范围内新的农业生产体系正在形成，不同国家和地区按照比较优势的原则进行生产的趋势日趋明显。在国际竞争日益激烈的背景下，一些大型农业企业和有关涉农产业为扩大市场占有份额，越来越多地选择在国外办厂，充分利用大企业特有的生产、管理、营销网络、商品和技术开发能力，与东道国的劳动力和市场等优势结合起来，以期实现生产要素的最佳配置和利润最大化。

三是农业资本与技术国际化。生产要素在全球范围内的流动与配置，导致资本在国际间大规模流动，促进了国际金融市场的发展。具体表现为国际资本流动地域拓宽，向发展中国家的农业国际性直接投资增加。许多发展中国家在发展初期均以国际金融组织和外国政府的贷款为主。随着经济的发展，直接投资的比例提高，投资规模扩大，同时资金的流速加快。"二战"后，农业对外直接投资增加，跨国公司快速发展。跨国公司兴起于20世纪后期，主要是由欧美国家在殖民地直接投资建立起来的，着重于土地的经营和开发。"二战"后，跨国公司一方面在发达国家之间布局，反映了农业投资和农业生产贸易之间的国际化；另一方面，发达国家继续在发展中国家发展跨国公司，着重经营农产品加工和贸易，通过合同收购，控制货源，形成产供销一体化的产业化经营模式。近年来，跨国公司较注重高科技在农业中的应用。目前跨国公司已成为促进世界农业发展的一支重要的力量。同时，各国农业技术交流与合作的领域不断拓宽，合作研究的范围不断扩大，特别是大型的生物技术和环境保护等方面的合作项目日趋增多。

四是农业市场国际化。市场是世界农业经济发展的基础，是推动经济增长的重要动力之一。由于生产和销售国际化发展，任何农产品都与国际市场紧密联系在一起，同时，各个国家和地区的市场不断趋于融合。"二战"以来，发展中国家的农产品出口的增长速度略慢于发达国家，而农产品进口额的增长速度快于发达国家。不少发展中国家从谷物出口国转为谷物进口国。近年来，世界各经济主体进一步相互参与、相互渗透、相互融合，一个新的统一大市场正在加速形成中，农产品国际性贸易规模不断扩大。随着全球农业的发展和农产品市场需求的变化，世界农产品贸易呈现新的发展态势，农产品市场体系建设加强，农产品交易手段改进，贸易效率明显提高，农产品贸易总量继续增长，贸易种类不断增加，互补性进一步增强。

以上四个方面的国际化推动了国际农业经济技术合作与交流日益加强。一些国家通过直接投资、农产品贸易等手段和措施，积极开展农业经济技术合作与交流。农业跨国公司成为农业经济技术合作与竞争的重要推动力量。不少跨国公司向国外进行大规模、系统化投资，为农业国际化提供了资金支持。这种合作交流推动了世界性农业科技革命的形成。各国加强农业科技研发和应用上的协作，合作研究的领域不断拓展，加快了现代农业科技的研发和应用步伐。

总体来看，农业国际化是世界经济一体化在农业领域的直接体现。农业国际化的趋势是，各国整合国内农业资源，提高农业资源利用的效率，促进资源和产品的国际市场双向流动，增加农产品供给和农民收入，提高国家总体经济效益和国民福利。

第二节　农业产业转型与农村经济结构升级路径

一、大力推进农业产业结构转型升级

大力推进农业产业结构转型升级对于加快转变经济发展方式具有重大意义，是当前和今后时期现代化建设的一项重大任务。当前，我国应重点做好以下几项工作。

（一）推动战略性新兴产业健康发展

一是做好统筹规划，调动各方的积极性，加速推进重大技术突破，加快形成先导性、支柱性产业，切实提高产业核心竞争力和经济效益。二是加大财税金融支持力度。按照加快培育发展战略性新兴产业的决策和规划，落实并完善财政、金融、税收等方面的优惠政策。三是完善市场培育、应用与准入政策。支持扩大节能环保、生物产业、新能源、新能源汽车等产品市场，继续做好"三网融合"工作，加快建立重要产品技术标准体系，优化市场准入管理程序。四是加快突破新兴产业核心关键技术。加大投入、依托企业、健全机制，整体推进电子信息、先进制造、节能环保、生物医药等领域技术研发，争取掌握一批具有发展主导地位的关键核心技术。同时，加强战略性新兴产业领域基础和前沿技术研究。

（二）加快企业技术改造

一是加快推进技术创新和科技成果产业化，推动先进技术产业化应用。二是加快推广

应用先进制造系统、智能制造设备及大型成套技术装备。支持重点企业瞄准世界前沿技术，加快装备升级改造，推动关键领域的技术装备达到国际先进水平。三是加快推广国内外先进节能、节水、节材技术和工艺，提高能源资源利用效率，提高成熟适用的生产技术普及率。四是着力推进精益制造，改进工艺流程，提高制造水平。五是深化信息技术应用，加快推广应用现代生产管理系统等关键共性技术，推进信息化和工业化深度融合。

（三）鼓励企业跨行业、跨区域、跨所有制兼并重组

总体要求：要以科学发展观为指导，以产业结构调整为主线，以规模效益显著的行业为重点，坚持市场化运作，发挥企业主体作用，充分发挥政府引导作用，提高产业集中度和资源配置效率，提高国际竞争力，推动重点行业健康有序发展，加快经济结构调整和发展方式转变。

坚持的原则：一是坚持市场化运作，发挥企业主体作用。充分发挥市场的基础性作用，遵循经济规律和市场准则，尊重企业意愿，由企业通过平等协商，自愿自主地开展兼并重组。二是完善政策措施，发挥政府引导作用。完善相关行业规划和政策措施，努力营造有利于企业兼并重组的政策环境。完善企业兼并重组服务管理体系，努力消除制约企业兼并重组的体制机制障碍，规范行政行为。三是推动体制创新，加快转型升级。支持企业通过兼并重组完善治理结构，增强技术优势，开展管理创新，加强品牌建设，淘汰落后产能，提高国际竞争力，推进转型升级。四是实行分类指导，促进大中小企业协调发展。结合行业自身特点和企业实际情况实行分类指导，促进各种所有制企业公平竞争和优胜劣汰，促进大中小企业协调发展，形成结构合理、有效竞争、规范有序的市场格局。五是加强统筹兼顾，维护企业、社会和谐稳定。严格执行相关法律法规和产业政策，兼顾国家、地方、企业和职工的利益，依法维护债权人、债务人和企业职工等利益主体的合法权益、促进社会和谐稳定发展。

（四）进一步发展壮大服务业

要立足我国产业基础，发挥比较优势，以市场需求为导向，突出重点，引导资源要素合理集聚，构建结构优化、水平先进、开放共赢、优势互补的服务业发展格局。一是要加快发展生产性服务业。围绕促进工业转型升级和加快农业现代化进程，推动生产性服务业向中、高端发展，深化产业融合，细化专业分工，增强服务功能，提高创新能力，不断提高我国产业综合竞争力。二是满足人民群众多层次多样化需求，大力发展生活性服务业，丰富服务供给，完善服务标准，提高服务质量，不断满足广大人民群众日益增长的物质文

化生活需要。在巩固传统业态基础上，积极拓展新型服务领域，不断培育形成服务业新的增长点。从促进消费升级出发，不断创造新的消费需求，特别是要把基于宽带和无线的信息消费作为新一轮扩大消费需求的重点领域。积极培育发展电子商务、网络文化、数字家庭等新兴消费热点。三是以发展农村经济、促进农业现代化、增加农民收入和提高农民生活质量为重点，贯彻统筹城乡发展的基本方略，协同推进城镇化和农村发展，积极引导各类市场主体进入，推动农村服务业水平尽快上一个新台阶。四是紧扣海洋经济发展战略部署和要求，加强陆海统筹，不断拓展服务领域，提升服务层次和水平。五是统筹国内服务业发展和对外开放，加快转变对外贸易发展方式，大力发展服务贸易，积极合理有效利用外资，推动有条件的服务业企业"走出去"，完善更加适应发展开放型经济要求的体制机制，有效防范风险，充分利用好国际国内两个市场、两种资源，积极参与服务贸易规则制定，深入推进与港澳台地区服务业合作，在更大范围、更广领域、更高层次上参与服务业国际合作与竞争。五是大力推进服务业各项改革，着力破除制约服务业发展的体制机制障碍，争取在重点领域和关键环节取得突破，进一步研究制定促进服务业加快发展的政策措施，完善服务业市场监管体系，营造有利于服务业发展的体制机制和政策环境。

（五）大力支持小型微型企业发展

小型微型企业在增加就业、促进经济增长、科技创新、民生改善、社会和谐稳定等方面具有不可替代的作用，对促进产业优化升级、转变经济发展方式、推动国民经济和社会持续健康发展具有重要的战略意义。

第一，要进一步加大财税政策支持力度。一是建立财政支持资金稳定增长机制。继续加大力度，建立资金总规模稳定增长的机制。二是加强国家小型微型企业发展基金的设立工作。加快出台基金设立、管理、运作等相关文件，让基金尽快发挥作用。三是进一步研究税收政策。突出扶持科技型、创业型和劳动密集型小型微型企业的发展，形成系统完备、有利于企业发展的税收政策体系。四是继续清理整顿涉及小型微型企业的不合理负担。继续减免部分涉企收费，规范具有垄断性的经营服务性收费。

第二，要进一步推动解决小型微型企业融资问题。研究建立小型微型企业政策性金融体系，加快建立覆盖全社会的小型微型企业信用信息征集与评价体系，完善小型微型企业信用担保体系，加大政策引导小型微型企业创业（风险）投资发展的力度，切实降低融资成本，多方位满足小型微型企业金融需求。

第三，要进一步提高小型微型企业发展的质量和效益。要大力转变小型微型企业发展方式，坚持"专精特新"，鼓励小型微型企业走专业化、精细化、特色化、新颖化发展道路；坚持集群发展，积极发展专业化产业集群，提高小型微型企业集聚度，提高与大型企业的协作配套水平；坚持转型升级，支持小型微型企业运用先进适用技术以及新工艺、新设备、新材料进行技术改造，提高产品质量和附加值；加强管理，积极引导小型微型企业加强基础管理，推进企业制度创新和管理创新，加快推进小型微型企业信息化，大力提升小型微型企业管理水平。

第四，大力推进服务体系建设。支持建立和完善为小型微型企业服务的公共服务平台。实施小型微型企业公共服务平台网络建设工程，调动和优化配置服务资源，增强政策咨询、创业创新、知识产权、投资融资、管理诊断、检验检测、人才培训市场开拓、财务指导、信息化服务等各类服务功能，重点为小型微型企业提供质优价惠的服务。

二、促进消费主导型经济结构的形成

（一）构建消费主导型经济结构的必要性

1. 扩大消费有利于增强我国经济增长的稳定性

从国际经验来看，大国经济一般都是内需主导型经济。小国资源有限，必须依靠对外贸易，大国则应该依靠内需来发展经济。扩大消费需求，把消费作为拉动经济增长的主动力，有利于增强经济增长的稳定性。一方面，在投资、消费和出口拉动经济增长的三大需求中，消费增长最为稳定，对经济增长的拉动作用最为持久。在 GDP 年新增额中，消费需求变动幅度小于投资和净出口的波动幅度，即在经济扩张时期，消费需求扩张不如投资扩张得那么明显，在经济收缩时期，消费需求收缩也没有投资需求收缩得那么快。另一方面，在消费需求、投资需求和出口需求中，消费需求作为最终需求，对总需求的增长具有决定性作用。特别是从中长期来看，没有消费需求支撑的高投资必定是不可持续的。

2. 扩大消费是促进经济协调发展的根本出路

我国部门结构的失衡，从内外需来看，表现为内需不足；从内需来看，表现为消费需求不足。除个别年份外，多年来消费增长慢于 GDP 的增长，导致最终消费占 GDP 的比重即消费率不断下降。因此，扩大消费需求、提高消费率有利于改善投资消费比例失衡状况，有利于促进国民经济均衡发展。

3. 扩大消费是实现经济发展目的的最佳途径

消费是社会再生产的终点或最终目的，生产与消费作为经济社会活动的两个重要环节，只有保持关系平衡才能维持社会再生产的顺利进行。如果商品不能被消费者接受，不能实现"惊险的跳跃",那么摔坏的就不是商品而是商品生产者。在生产和消费的关系中,应该突出人的需要即消费;积累国家的财富绝不是成立政府的目的;政府的目的是使全体公民都能感受到物质生活所带来的快乐。国民福利的提高源于国民总效用的增加,最能提升国民总效用的方法就是增加商品和服务的总消费,而投资活动本身并不能增加国民效用。在投资增长过快、投资率过高的情况下,尽管经济增长速度很快,但由于约一半国民产出用于投资,经济高增长并未带来大多数民众福利水平的同步提高。这既不符合经济发展的最终目的,也与全面建成惠及广大人民群众的小康社会的战略目标相背离。

(二) 我国消费主导型经济结构的实现途径

尽管消费对拉动经济增长的效应非常明显,但要实现我国经济增长由以投资和出口拉动为主向以消费拉动为主的转变,仍然面临一些政策性和体制性障碍,尤其是消费环境不容乐观、假冒伪劣产品屡禁不止、社会保障不全面、城乡收入差距过大等问题成为影响当前消费增长的突出障碍。因此,政府要努力创造条件,多管齐下,加快实现消费主导型经济结构的进程。

1. 改善民生,扩大居民消费

一是千方百计扩大就业。要把扩大就业摆在经济社会发展更加突出的位置,坚持实施积极的就业政策,强化政府促进就业的公共服务职能,健全就业服务体系,加快建立政府扶助、社会参与的职业技能培训机制,完善对困难群众的就业援助制度。二是合理调节收入分配。要坚持各种生产要素按贡献参与分配,着力提高低收入者收入水平,逐步扩大中等收入者比重,在经济发展基础上逐步提高最低生活保障和最低工资标准。三是完善公共卫生和医疗服务体系。加大政府对卫生事业的投入力度,大力发展社区卫生服务。深化医疗卫生体制改革,认真研究并逐步解决群众看病难、看病贵的问题。四是深化教育改革。强化政府的义务教育保证责任,大力发展职业教育,加大教育投入,建立有效的教育资助体系。

2. 提高农村居民收入

扩大消费需求的重点应放在提高农民收入上。为此,一要采取综合措施、广泛开辟农民增收渠道。二要大力发展县域经济,加强农村劳动力技能培训,引导富余劳动力向非农产业和城镇有序转移、带动乡镇企业和小城镇发展。三要继续完善现有农业补贴政策,保持农产品价格的合理水平,逐步建立符合国情的农业支持保护制度。四要加大扶贫开发力度,提高贫困地区人口素质,改善基本生产生活条件,开辟增收途径。五要逐步建立城乡统一的劳动力市场和公平竞争的就业制度，依法保障进城务工人员的各项权益。

3. 整顿市场秩序，净化消费环境

混乱的市场经济秩序会恶化消费环境。整顿和规范市场经济秩序的中心内容是直接关系到广大群众切身利益、社会危害严重的突出问题，坚决打击制售假冒伪劣商品的行为，切实维护消费者合法权益。因此，创造良好的消费环境，既是整顿和规范市场经济秩序的主要内容，又是促进我国消费主导型经济结构形成的必要条件。

4. 扩大社会保障覆盖面，提高社会保障水平

消费者普遍的心理预期是未来收入具有不确定性和支出具有确定性。为此，要建立健全与经济发展水平相适应的社会保障体系，合理确定保障标准和方式；完善城镇职工基本养老和基本医疗、失业、工伤、生育保险制度；增加财政的社会保障投入，多渠道筹措社会保障基金；逐步提高基本养老保险社会统筹层次；解决进城务工人员社会保障问题等。同时，把健全面向中低收入群体的供给体系作为扩大消费的重点，促进消费潜力的有效释放。当前消费不振的原因之一在于消费结构断档，供给与需求结构不衔接。一方面，高档消费品供给过多，需求不足；另一方面，适合中低收入群体的房地产、汽车、教育、医疗等产品供给不足，远远不能满足需求。因此，政府一方面应当对高档消费品的生产和消费通过税费形式加以限制；另一方面，要采取必要手段，加大对普通大众可承受的廉价商品供给力度，从而有效引导普通大众消费潜力的释放。

三、推动区域城乡经济结构协调发展

（一）构建中国的橄榄形社会

一个社会的稳定性同社会阶层财富的分布结构有关，所谓橄榄形社会是指社会阶层财富的分布结构呈中间阶层大两头小的橄榄形状，具体情况大致是中产阶层占绝大多数，富豪阶层和赤贫阶层占少数，中间阶层因占大多数，其财富或收入水平最接近全社会平均水平，自然形成处于对立两极阶层冲突的缓冲阶层。根据社会学理论可知，橄榄形社会是稳定和谐的社会。

扩大中等收入者比重，形成橄榄形分配格局的目标就是使收入分配相对比较平均，中等收入者占多数。这样做一方面有利于社会稳定，另一方面也有利于满足大多数人民群众日益增长的物质和文化需求，并能够推动经济的均衡增长。

中国城乡二元户籍制度的根基非常牢固，它对中国经济社会产生的影响是深远的，更

准确地讲，其存在一定的"后遗症"。中国城乡二元户籍制度不仅促进了今天的城乡二元结构的形成，而且城乡二元户籍制度一定程度上阻碍了劳动力在城乡之间的自由流动。在当前我国社会主义市场经济体制下，城乡之间的资源配置依然不均衡。因此，有必要打破城乡二元结构，实现劳动力在城乡之间的完全自由流动，实现真正的社会主义市场经济。另外，非系统性的、非协调性的一些城乡统筹措施不仅不利于城乡融合，反而可能会引起新的问题，如新市民的职业培训、就业和创业环境的培育及发展问题，新市民子女的义务教育问题，城市化过程中完全失地者的发展问题，等等。这些都是二元户籍制度与一元户籍制度的衔接问题。如何防止城乡之间二元结构变成城市内部的二元结构，是建立统一户籍制度的过程中必须通盘考虑的重大问题。

统筹城乡发展，以一元体制替代二元结构体制，消除二元经济结构，实现可持续发展，是中国建立社会主义市场经济体制的目的和必然归属。统筹城乡发展是中国经济社会中长期发展的目标。在促成中国城乡二元结构形成和发展的因素中，体制因素多于技术因素。与此相对应，中国的城乡统筹发展实践中存在的困难和障碍往往主要是体制的因素。各地市的城乡统筹措施也都是从改革和完善体制入手的。中国城乡二元结构本质上主要是传统计划经济的产物，而城乡统筹发展就是要破除城乡二元结构体制，建立城乡融合的统一市场。

中国的城乡统筹发展不仅涉及经济理论的创新和政治体制的改革，而且实践性强。现有利益格局是城乡统筹发展的具体障碍，而城乡统筹发展必然触及现有利益格局。因此，中国现有的城乡统筹实践是在利益调整之中进行的。城乡统筹不仅需要国家层面的政策和财政支持，更需要地方财政的支撑。

中国城乡二元结构非常独特、典型。而且由于中国幅员辽阔，城乡发展差距巨大。各地的城乡统筹发展经验都很有价值。

（二）在城乡统筹发展中转换农村经济结构

城乡统筹发展的目标就是要消除二元经济结构，或者说城乡统筹发展就是要实现从二元经济结构到一元经济结构的转变。在体制创新和技术创新的双重作用下，农村剩余劳动力能够被及时有效地转移到劳动生产率更高的部门。在转移农村剩余劳动力的同时，农业部门广泛使用农业生产技术，实现规模化经营，最终使得无论是转移到城镇的劳动力人口，还是选择继续从事农业生产经营活动的劳动力人口的收入都趋同于全国的平均收入水平，使农村人口整体融入现代化的社会大家庭中。根据中国现在的发展阶段和各级政府积累的物质财富，可以从新农村建设、工业化和信息化以及城市化等几个层次来实现二元经济结构的转换。

1. 新农村建设

从经济学、社会学、政治学等全方位来看,在某种程度上,新农村建设就是在农村聚集生产要素,改造和重塑农村传统的社区结构,使乡村人口从传统的生产、生活方式转向现代化的生产生活方式。顾名思义,新农村建设的目的就是让部分乡村人口在农村安居乐业,就地发展。但新农村建设应该考虑周边环境的自然条件和市场条件,适当集中。以农村土地集体所有制的配套改革为基础的新农村建设可以促进农业生产的规模化、社会化、服务组织化。我国应在农村推进城镇化的发展,通过实施农业产业化经营,规模化开发生产基地,促进农业产业结构调整和优化、从而提高农业内部劳动生产率、增加农业经营者的收入。

2. 工业化和信息化

工业高速增长是吸纳农村剩余劳动力的最佳途径,也是经济结构转型的必由之路。中国工业的高速增长得益于改革开放、低成本的农村剩余劳动力工资、外部市场需求的拉动。今后中国工业化、信息化的扩张动力将不仅来源于继续吸纳农村剩余劳动力,更大的动力将来源于这部分人口收入增加后内需的持续增长。工业化使得农村剩余劳动力由劳动生产率低的部门流向劳动生产率高的部门。这会增加全社会的产出,也会增加农村剩余劳动力的收入。

第六章　构建新型农业经营体系

第一节　现代农业及其发展模式

一、现代农业的内涵

（一）现代农业的概念

现代农业是一个动态的概念和历史的概念，它不是一个抽象的事物，而是一个具体的事物，它是农业发展史上的一个重要阶段。现代农业相对于传统农业而言，是广泛应用现代科学技术、现代工业提供的生产资料和科学管理方法进行的社会化农业。按农业生产力性质和水平划分的农业发展史上，现代农业属于农业的最新阶段。

现代农业是指运用现代的科学技术和生产管理方法，对农业进行规模化、集约化、市场化和农场化的生产活动。现代农业是以市场经济为导向，以利益机制为联结，以企业发展为龙头的农业，是实行企业化管理，产销一体化经营的农业。

（二）现代农业的特征

现代农业具有以下基本特征。

第一，具备较高的综合生产率，包括较高的土地产出率和劳动生产率。农业成为一个有较高经济效益和市场竞争力的产业，这是衡量现代农业发展水平的最重要标志。

第二，农业成为可持续发展产业。农业发展本身是可持续的，而且具有良好的区域生态环境。广泛采用生态农业、有机农业、绿色农业等生产技术和生产模式，实现淡水、土地等农业资源的可持续利用，达到区域生态的良性循环，农业本身成为一个良好的可循环生态系统。

第三，农业成为高度商业化的产业。农业主要为市场而生产，具有很高的商品率，通过市场机制来配置资源。商业化是以市场体系为基础的，现代农业要求建立非常完善的市场体系，包括农产品现代流通体系。没有发达的市场体系，就不可能有真正的现代农业。农业现代化水平较高的国家，农产品商品率一般都在90%以上，有的产业商品率可达到100%。

第四，实现农业生产物质条件的现代化。现代农业以比较完善的生产条件、基础设施和现代化的物质装备为基础，集约化、高效率地使用各种现代生产投入要素，包括水、电力、农膜、肥料、农药、良种、农业机械等物质投入和农业劳动力投入，从而达到提高农业生产率的目的。

第五，实现农业科学技术的现代化。现代农业广泛采用先进适用的农业科学技术、生物技术和生产模式，改善农产品的品质、降低生产成本，以适应市场对农产品需求优质化、多样化、标准化的发展趋势。现代农业的发展过程，实质上是先进科学技术在农业领域广泛应用的过程，是用现代科技改造传统农业的过程。

第六，实现管理方式的现代化。现代农业广泛采用先进的经营方式、管理技术和管理手段，从农业生产的产前、产中、产后形成比较完整的紧密联系、有机衔接的产业链条，具有很高的组织化程度。有相对稳定、高效的农产品销售和加工转化渠道，有高效率的把分散的农民组织起来的组织体系，有高效率的现代农业管理体系。

第七，实现农民素质的现代化。现代农业具有较高素质的农业经营管理人才和劳动力，是建设现代农业的前提条件，也是现代农业的突出特征。

第八，实现生产的规模化、专业化、区域化。现代农业通过实现农业生产经营的规模化、专业化、区域化，降低公共成本和外部成本，提高农业的效益和竞争力。

第九，建立与现代农业相适应的政府宏观调控机制。现代农业建立完善的农业支持保护体系，包括法律体系和政策体系。

总之，现代农业的产生和发展，大幅度地提高了农业劳动生产率、土地生产率和农产品商品率，使农业生产、农村面貌和农户行为发生了重大变化。

（三）现代农业的类型

现代农业的划分由于外延的不确定性，划分标准有所不同。通常现代农业划分为以下几种类型。

1. 绿色农业

绿色农业将农业与环境协调起来，促进可持续发展，增加农户收入，保护环境，同时保证农产品安全性的农业。绿色农业是灵活利用生态环境的物质循环系统，实践运用农药安全管理技术、营养物综合管理技术、生物学技术和轮耕技术等,从而保护农业环境的一种整体性概念。绿色农业大体上分为有机农业和低投入农业。

2. 休闲农业

休闲农业是一种综合性的休闲农业区。游客不仅可以观光、采果、体验农作、了解农民生活、享受乡间情趣,而且可以住宿、度假、游乐。休闲农业的基本概念是利用农村的设备与空间、农业生产场地、农业自然环境、农业人文资源等,经过规划设计,以发挥农业与农村休闲旅游功能,提升旅游品质,并提高农民收入,促进农村发展的一种新型农业。

3. 工厂化农业

工厂化农业是设施农业的高级层次。工厂化农业综合运用现代高科技、新设备和管理方法而发展起来的一种全面机械化、自动化技术（资金）高度密集型生产,能够在人工创造的环境中进行全过程的连续作业,从而摆脱自然界的制约。

4. 特色农业

特色农业就是将区域内独特的农业资源（地理、气候、资源、产业基础）开发区域内特有的名优产品,转化为特色商品的现代农业。特色农业的"特色"在于其产品能够得到消费者的青睐和倾慕,在本地市场上具有不可替代的地位,在外地市场上具有绝对优势,在国际市场上具有相对优势甚至绝对优势。

5. 观光农业

观光农业又称旅游农业或绿色旅游业,是一种以农业和农村为载体的新型生态旅游业。农民利用当地有利的自然条件开辟活动场所,提供设施。招揽游客,以增加收入。旅游活动内容除了游览风景外,还有林间狩猎、水面垂钓、采摘果实等农事活动。有的国家以此作为农业综合发展的一项措施。

6. 立体农业

立体农业又称层状农业。立体农业着重于开发利用垂直空间资源的一种农业形式。立体农业的模式是以立体农业定义为出发点,合理利用自然资源、生物资源和人类生产技能,实现由物种、层次、能量循环、物质转化和技术等要素组成的立体模式的优化。

7. 订单农业

订单农业又称合同农业、契约农业,是近年来出现的一种新型农业生产经营模式。所谓订单农业,是指农户根据其本身或其所在的乡村组织与农产品购买者之间所签订的订单，组织安排农产品生产的一种农业产销模式。订单农业很好地适应了市场需要，避免了盲目生产。

二、现代农业的发展模式

随着社会的发展、市场的刺激、互联网及大数据的助推，各种更加有趣也更加适宜的现代农业发展的新模式不断涌现。

（一）农业公园：乡土文化旅游新模式

国家农业公园是一种新型的旅游形态，它是按照公园的经营思路，但又不同于城市公园，把农业生产场所、农产品消费场所和农业休闲旅游场所结合在一起的一种现代农业经营方式。

根据农业现代化和农业服务业、旅游业深化发展的有关要求，中国村社发展促进会拟计划用5~8年的时间打造出100个"中国农业公园"。"中国农业公园"是利用农村广阔的田野，以绿色村庄为基础，融入低碳环保循环可持续的发展理念，将农作物种植与农耕文化相结合的一种生态休闲和乡土文化旅游模式。

在规划建设面积上，国家级农业公园一般规模较大，少则上万平方米，多则数十万平方米，甚至更多者以平方千米来计数。目前比较成型的国家农业公园有河南中牟国家农业公园、山东兰陵国家农业公园、海南琼海龙寿洋国家农业公园，其他像安徽合肥包河区的牛角大圩10平方千米的生态农业区、山东寿光农业综合区均可作为国家农业公园考察。

农业公园的主体是依靠企业，是以消费为带动的农业增长的方式，根据消费者的消费需求来定制农业生产。整个乡村就是"大菜园、大花园、大乐园、大公园"。有菜地、有花圃、有苗圃、有大棚设施、有水景……一切这些东西都是按照旅游的特色打造，不是按照生产要素来组织。

（二）文创农业：传统农业与文化创意的融合

文创农业是指用文化和创意手段去改造农业，农业会把生产、生活、生态更加完美地呈现在消费者面前。文创农业是继观光农业、生态农业、休闲农业后，新兴起的一种农业产业模式，是将传统农业与文化创意产业相结合，借助文创思维逻辑，将文化、科技与农业要素相融合，从而开发、拓展传统农业功能，提升、丰富传统农业价值的一种新兴业态。

目前市场上的文创农业模式包括：文创农产品农场、文创农艺工坊、文创农品专营店、文创主题农庄、文创亲子农园、文创休闲农牧场、文创酒庄、文创现代农业示范园区。以上类型盈利模式没有固定模式，可以根据项目自身的情况，灵活组合。文创农业的盈利模式主要可通过对文创农产品种养殖、文创农产品包装设计、文创工艺品生产创作、文创装饰品制作、批发零售、景观游赏、活动体验、演艺表演、科普教育、宴会会议、餐饮美食、民宿住宿、内部交通、纪念品礼品销售、其他配套服务等不同项目的经营获得来自票务、餐饮、住宿、会务、销售等渠道的盈利。此外，还可以尝试招商合作的经营模式，以租赁、物业服务等作为盈利模式。

谈到文创农业，一般会直接想到的是商品包装，如水果、酒、茶叶、米、蜂蜜等。精美的礼盒加上富有诗意的文字，让农产品更显诗情画意。然而，美丽的农产品包装多是业者付出大笔金钱请设计师来包装，这样增加了农产品的成本，销售量却没能与成本成正比。因此，文创农业不等于农产品包装。包装或设计，在农业文创化的过程中，只是末端，不可本末倒置。所谓文创，应该包含"文化"与"创意"两个层次。农业经营者，应先透过添加文化元素，找出特色、卖点或销售点。有了卖点，再从"创意"角度，将卖点简化、符号化、可传播化，成为销售主张或销售论述。文创农业应该以创意为核心，借助文创的力量，实现农业的文创转型，形成多产业联动的品牌体系，整合提升农业的产业价值。

（三）认养农业：风险共担收益共享

"认养农业"是近年来新兴的农事增值发展模式，一般指消费者预付生产费用，生产者为消费者提供绿色、有机食品，在生产者和消费者之间建立一种风险共担、收益共享的生产方式。

对认养人来说，这是一种时尚，一种健康的生活方式。对传统种植农业来说，这是一种新思路带来的一种新业态，并且已经成为农业增值服务的具体表现。

事实上，"认养农业"的卖点并不是只有农产品，认养农业还可以与旅游、养老、文化等产业进行深度融合。认养农业把城市居民作为目标客户，以体验、互动项目为卖点，将特色农产品、旅游景点、风情民俗进行整合包装，再打包兜售。认养农业的兴起在帮助现代都市人认识农业、体验农园观光需求的同时，增加农民收入，带动农业生产健康有序发展。

认养能够满足都市人亲近田园的愿望。认养，远不仅仅是收获产品那么简单。顾客更期望的在于产品的附加价值。认养同时意味着消费者能够直接接触到生产者，大大简化了销售—购买的环节，这使得消费者能够在第一时间拿到最新鲜的产品。客户有机会近距离接触农场、了解农场更多的相关信息，不仅使得农产品的品质有了保障，而且农产品的价格上也得以更加透明。

认养农业不仅给农村带来了客流、信息流、资金流，而且彻底解决了一家一户分散经营难以增收的核心问题，更重要的是认养农业模式推动了第一、第二、第三产业的深度融合。

（四）设施农业：高效生产的现代农业新方式

设施农业是指在环境相对可控条件下，采用工程技术手段，进行动植物高效生产的一种现代农业方式。设施农业涵盖设施种植、设施养殖和设施食用菌等。

我国设施农业已经成为世界上最大面积利用太阳能的工程，绝对数量优势使我国设施农业进入量变到质变转化期，技术水平越来越接近世界先进水平。设施栽培是露天种植产量的3.5倍，我国人均耕地面积仅占世界人均耕地面积的40%，因此发展设施农业是解决我国人多地少制约可持续发展问题的最有效技术工程。

设施农业是涵盖建筑、材料、机械、自动控制、品种、园艺技术、栽培技术和管理等学科的系统工程，其发达程度是体现农业现代化水平的重要标志之一。设施农业包含设施栽培、饲养，各类型玻璃温室，塑料大棚，连栋大棚，中、小型塑棚及地膜覆盖，还包括所有进行农业生产的保护设施。设施栽培可充分发挥作物的增产潜力，增加农作物的产量，由于有保护设施，防止了许多病虫害的侵袭，在生产过程中不需要使用农药或很少使用农药，从而改善商品品质，并能使作物反季节生长，在有限的空间内生产出高品质的作物。

设施农业从种类上分，主要包括设施园艺和设施养殖两大部分。设施养殖主要有水产养殖和畜牧养殖两大类。设施农业为动、植物生产提供相对可控制甚至最适宜的温度、湿度、光照、水肥和气等环境条件，在一定程度上摆脱对自然环境的依赖进行有效生产。它具有高投入、高技术含量、高品质、高产量和高效益等特点，是最具活力的现代新农业。

（五）田园综合体：乡村新型产业发展的亮点

田园综合体是集现代农业、休闲旅游、田园社区为一体的特色小镇和乡村综合发展模式，是当前乡村发展代表创新突破的思维模式。

田园综合体实现了田园的三次变现，第一次变现是依托自然之力和科技之力实现田园农产品变现；第二次变现是依托自然之力和创意之力实现田园文化产品和田园旅游产品变现，这一次变现不仅创造了效益，而且还形成了一个田园社群；第三次变现则是依托田园社群建立起来的延伸产业变现。

田园综合体的出发点是主张以一种可以让企业参与、城市元素与乡村结合、多方共建的"开发"方式,创新城乡发展,促进产业加速变革、农民收入稳步增长和新农村建设稳步推进,重塑中国乡村的美丽田园、美丽小镇。田园综合体一方面强调跟原住民的合作,坚持农民合作社的主体地位,农民合作社利用其与农民天然的利益联结机制,使农民不仅参与田园综合体的建设过程,还能享受现代农业产业效益、资产收益的增长;另一方面强调城乡互动,秉持开放、共建思维,着力解决"原来的人""新来的人""偶尔会来的人"等几类人群的需求。

近年来国内休闲农业与乡村旅游热情正盛,而田园综合体作为休闲农业与乡村游升级的高端发展模式,更多体现的是"农业+园区"的发展思路,是将农业链条做深、做透,未来还会在科技、健康、物流等更多维度进一步拓宽发展。

田园综合体以乡村复兴为最高目标,让城市与乡村各自都能发挥其独特禀赋,实现和谐发展。田园综合体以田园生产、田园生活、田园景观为核心组织要素,多产业多功能有机结合的空间实体,其核心价值是满足人回归乡土的需求,让城市人流、信息流、物质流真正做到反哺乡村,促进乡村经济的发展。

(六)共享农业:推进农业农村发展的新动能

目前国内共享经济市场涉及共享汽车、共享单车、共享房屋、共享餐饮、共享金融、共享充电宝等多个领域,并在不断扩展。中国作为农业大国,曾经一度号称"用7%的耕地养活了世界22%的人口"。电商的兴起,为农业的共享提供庞大平台基础;互联网和大数据的融合,为中国农业提供了精准化的信息支持;物联网技术的发展,使农业进入自动化无人监管的新时代。

共享农业是贯穿于整个农业产业链全过程,将成为推进农业农村发展的新动能,农业供给侧结构性改革的新引擎。共享农业将分散零碎的消费需求信息集聚起来,形成规模,实现与供给方精准匹配对接,是发展共享农业的关键。因此,要在硬件建设上抓好互联网在乡村的普及覆盖,尤其要做好农民手机终端的开发使用。

共享经济进入农业领域,一方面淘汰掉中间环节,另一方面还要真正做到"共享",为农业、为农村、为农民真正起到帮助作用。共享经济模式最基本的就是拿出私有财产、资源或者信息,与用户达成互惠互利的合作,增加资源的利用率。当前,共享农业已经向共享土地、共享农机、共享农庄等具体的形态上发展。

第二节 新型农业经营体系及其经营主体

一、新型农业经营体系内涵

(一)新型农业经营体系的概念

新型农业经营体系是以一家一户的家庭为单一农业生产经营主体的原有农业经营体系相对应的一种新农业经营体系,是对农村家庭联产承包责任制的一种继承与发展。具体而言,新型农业经营体系是指大力培育发展新型农业经营主体,逐步形成以家庭承包经营为基础,专业大户、家庭农场、农民合作社、农业产业化龙头企业为骨干,其他组织形式为补充的一种新型的农业经营体系。

(二)新型农业经营体系的特征

新型农业经营体系是集约化、专业化、组织化和社会化四个方面有机结合的产物。

1. 集约化

集约化是相对于粗放化而言的一种经营体系。新型农业经营体系将集约化作为其基本特征之一,一方面顺应了现代农业集约化发展的趋势,另一方面正是为了消除近年来部分地区农业粗放化发展的负面影响。在新型农业经营体系中,集约化包括三方面的含义:一是单位面积土地上要素投入强度的提高;二是要素投入质量的提高和投入结构的改善,特别是现代科技和人力资本、现代信息、现代服务、现代发展理念、现代装备设施等创新要素的密集投入及其对传统要素投入的替代;三是农业经营方式的改善,包括要素组合关系的优化和要素利用效率、效益的提高。农业集约化的发展,有利于增强农业产业链和价值链的创新能力,但也对农业节本增效和降低风险提出新的更高层次的要求。推进农业集约化,往往是发展内涵型农业规模经营的重要途径。

2. 专业化

专业化是相对于兼业化,特别是"小而全""小而散"的农业经营方式而言,旨在顺应发展现代农业的要求,更好地通过深化分工协作,促进现代农业的发展,提高农业的资源利用率和要素生产率。从国际经验来看,专业化实际上包括两个层面:第一,农业生产经营或服务主体的专业化。如鼓励"小而全""小而散"的农户家庭经营向专业化发展，形成"小而专、专而协"的农业经营格局。结合支持土地流转，促进农业生产经营的规模化，发展专业大户、家庭农场等，有利于促进农业生产经营的专业化。培育信息服务、农机服务等专业服务提供商，也是推进农业专业化的重要内容。第二，农业的区域专业化，如建设优势农产品产业带、产业区。从国内外经验看，农业区域专业化的发展，可以带动农业区域规模经济，是发展区域农业规模经营的重要途径。专业化的深化，有利于更好地分享分工协作效应，但也对生产和服务的社会化提出更高层次的期待。

3. 组织化

组织化主要是与分散化相对应的，包括三方面的含义：第一，新型农业生产经营主体或服务主体的发育及与此相关的农业组织创新。第二，引导农业生产经营或服务主体之间加强横向联合和合作，包括发展农民专业合作社、农民专业协会等，甚至支持发展农民专业合作社联合社、农产品行业协会。第三，顺应现代农业的发展要求，提高农业产业链的分工协作水平和纵向一体化程度。培育农业产业链核心企业对农业产业链、价值链的整合能力及其带动农业产业链、价值链升级的能力，促进涉农三次产业融合发展等，增进农业产业链不同参与者之间的合作伙伴关系，均属组织化的重要内容。

4. 社会化

社会化往往建立在专业化的基础之上。新型农业经营体系将社会化作为其基本特征之一，主要强调两个方面：一是农业发展过程的社会参与；二是农业发展成果的社会分享。农业产业链，换个角度看，也是农产品供应链和农业价值链。农业发展过程的社会参与，顺应了农业产业链一体化的趋势。近年来，随着现代农业的发展，农业产业链主要驱动力正在呈现由生产环节向加工环节以及流通等服务环节转移的趋势，农业生产性服务业对现代农业产业链的引领支撑作用也在不断增强。这些方面均是农业发展过程中社会参与程度提高的重要表现。农业发展过程的社会分享，不仅表现为农业商品化程度的提高，而且表现为随着从传统农业向现代农业的转变，农业产业链逐步升级，并与全球农业价值链有效对接。在现代农业发展中，农业产业链消费者主权的强化和产业融合关系的深化，农业产前、产后环节利益主体参与农业产业链利益分配的深化，以及农业产业链与能源产业链、金融服务链的交融渗透，都是农业发展成果社会分享程度提高的重要表现。农业发展过程社会参与和分享程度的提高，增加了提高农业组织化程度的必要性和紧迫性。因为通过提高农业组织化程度，促进新型农业生产经营主体或服务主体的成长、增进其相互之间的联合和合作等，有利于保护农业生产环节的利益，避免农业产业链的利益分配过度向加工、流通、农资供应等产前、产后环节倾斜，有利于保护农业综合生产能力和可持续发展能力。

在新型农业经营体系中，集约化、专业化、组织化和社会化强调的重点不同。集约化和专业化更多地强调微观或区域中观层面，重点在于强调农业经营方式的选择。组织化横跨微观层面和产业链中观层面，致力于提高农业产业组织的竞争力，增强农业的市场竞争力和资源要素竞争力，影响利益相关者参与农业产业链利益分配的能力。社会化主要强调宏观方面，也是现代农业产业体系运行的外在表现，其直接结果是现代农业产业体系的发育。在新型农业产业体系的运行中，集约化、专业化、组织化和社会化应该是相互作用、不可分割的，它们是支撑新型农业经营体系"大厦"的"基石"，不可或缺。

二、新型农业经营主体

（一）专业大户

1. 大户

在认识专业大户之前，先了解一下"大户"的定义。"大户"原指有技术、会经营，勤劳致富的人家。这些人家与农业联系后，大户的定义就超出了原来的定义范围，其农业经营形式更加广泛。

目前，人们对"大户"的称呼或提法不尽相同，大体有以下几种：一是龙头企业，一般是指以从事农副产品加工和农产品运销为主的大户；二是庄园经济，一般是指丘陵山区专业化种养大户和"四荒"治理大户；三是产业大户，主要是指通过"四荒"开发形成主导产业，进行综合经营的大户；四是农业经营大户，泛指从事种植、养殖、加工、销售、林业、水产生产经营的大户；五是农业产业化经营大户，与第四种提法基本相同。比较而言，"大户"的提法，其涵盖面广，符合现代经营的概念，切合事物的本质。这里有一个龙头企业与"大户"两个提法的关系问题。往往有人提问："大户"不就是龙头企业吗？可以说，"大户"都是"龙头"，但"龙头"不一定都是企业。农业产业化经营中的龙头企业，一般都是农副产品加工和运销企业，而"大户"包括种植、养殖、加工、销售各类经营大户，其中有的还没有升级为企业，有的原本就是注册企业。所以，是否一个企业，并非"大户"的一般标准，而是"大户"发展过程中的一个较高阶段的标志。农业产业化经营中的龙头企业是"大户"的一种高级形式。辨别"大户"的主要标准，要看它是否具有示范、组织和带动功能。

2. 专业大户的概念

专业大户是新型农业经营主体的一种形式,承担着农产品生产尤其是商品生产的功能,以及发挥规模农户的示范效应,向注重引导其向采用先进科技和生产手段的方向转变,增加技术、资本等生产要素投入,着力提高集约化水平。

专业大户包括种养大户、农机大户等。种养大户,通常指那些种植或养殖生产规模明显大于当地传统农户的专业化农户,是指以农业某一产业的专业化生产为主,初步实现规模经营的农户。农机大户是指有一定经济实力、在村中有一定威望和影响,并有一定农机化基础和农机运用管理经验的农机户。

3. 专业大户的特点

专业大户的特点一般表现为:自筹资金的能力较强,能吸引城镇工商企业积累和居民储蓄投入农业开发;产业选定和产品定位符合市场需求;有适度的经营规模;采用新的生产经营方式,能组织和带动农民增收致富;生产产品的科技含量较高;产品的销售渠道较稳定,有一定的市场竞争力。

与传统分散的一家一户经营方式相比,专业大户规模化、集约化、产业化程度高,在提高农民专业化程度、建设现代农业、促进农民增收等方面发挥的作用日益显现,为现代农业发展和农业经营体制创新注入了新活力。专业大户凭借较大的经营规模、较强的生产能力和较高的综合效益,成为现代农业的一支生力军。

(二)家庭农场

1. 家庭农场的内涵

家庭农场是指在家庭联产承包责任制的基础上,以农民家庭成员为主要劳动力,运用现代农业生产方式,在农村土地上进行规模化、标准化、商品化农业生产,并以农业经营收入为家庭主要收入来源的新型农业经营主体。一般都是独立的市场法人。

积极发展家庭农场,是培育新型农业经营主体,进行新农村经济建设的重要一环。家庭农场的重要意义在于:随着我国工业化和城镇化的快速发展,农村经济结构发生了巨大变化,农村劳动力大规模转移,部分农村出现了弃耕、休耕现象。一家一户的小规模农业经营,已突显出不利于当前农业生产力发展的现实状况。为进一步发展现代农业,农村涌现出了农业合作组织、家庭农场、种植大户、集体经营等不同的经营模式,并且各自的效果逐渐显现出来。尤其是发展家庭农场的意义更为突出。家庭农场的意义具体表现在:一是有利于激发农业生产活力。通过发展家庭农场可以加速农村土地合理流转,减少了弃耕和休耕现象，提高了农村土地利用率和经营效率。同时，也能够有效解决目前农村家庭承包经营效率低、规模小、管理散的问题。二是有利于农业科技的推广应用。通过家庭农场适度的规模经营，能够机智灵活地应用先进的机械设备、信息技术和生产手段，大大提高农业科技新成果集成开发和新技术的推广应用，并在很大程度上能够降低生产成本投入，大幅提高农业生产能力，加快传统农业向现代农业的有效转变。三是有利于农业产业结构调整。通过专业化生产和集约化经营，发展高效特色农业，可较好地解决一般农户在结构调整中不敢调、不会调的问题。四是有利于保障农产品质量安全。家庭农场有一定的规模，并进行了工商登记，更加注重品牌意识和农产品安全，农产品质量将得到有效保障。

2. 家庭农场的特征

目前，我国家庭农场虽然起步时间不长，还缺乏比较清晰的定义和准确的界定标准，但是一般来说家庭农场具有以下特征。

（1）家庭经营

家庭农场是在家庭承包经营基础上发展起来的，它保留了家庭承包经营的传统优势，同时又吸纳了现代农业要素。经营单位的主体仍然是家庭，家庭农场主仍是所有者、劳动者和经营者的统一体。因此，可以说家庭农场是完善家庭承包经营的有效途径，是对家庭承包经营制度的发展和完善。

（2）适度规模

家庭农场是一种适应土地流转与适度规模经营的组织形式，是对农村土地流转制度的创新。家庭农场必须达到一定的规模，才能够融合现代农业生产要素，具备产业化经营的特征。同时，由于家庭仍旧是经营主体，受资源动员能力、经营管理能力和风险防范能力的限制，使得经营规模必须处在可控的范围内，不能太少也不能太多，表现出了适度规模性。

（3）市场化经营

为了增加收益和规避风险，农户的一个突出特征就是同时从事市场性和非市场性农业生产活动。市场化程度的不统一与不均衡是农户的突出特点。而家庭农场则是通过提高市场化程度和商品化水平，不考虑生计层次的均衡，而是以盈利为根本目的的经济组织。市场化经营成为家庭农场经营与农户家庭经营的区别标志。

（4）企业化管理

根据家庭农场的定义，家庭农场是经过登记注册的法人组织。农场主首先是经营管理者，其次才是生产劳动者。从企业成长理论来看，家庭农户与家庭农场的区别在于，农场主是否具有协调与管理资源的能力。因此，家庭农场的基本特征之一，就是以现代企业标准化管理方式从事农业生产经营。

3. 家庭农场的功能

家庭农场的功能与专业大户基本一样，承担着农产品生产尤其是商品生产的功能，以及发挥规模农户的示范效应，引导向采用先进科技知识和生产手段的方向转变，增加技术、资本等生产要素投入，着力提高集约化水平。

（三）农民合作社

1. 农民合作社的概念

农民专业合作社是在农村家庭承包经营基础上，同类农产品的生产经营者或者同类农业生产经营服务的提供者、利用者，自愿联合、民主管理的互助性经济组织。这一定义包含着三方面的内容：第一，农民专业合作社坚持以家庭承包经营为基础；第二，农民专业合作社由同类农产品的生产经营者或者同类农业生产经营服务的提供者、利用者组成；第三，农民专业合作社的组织性质和功能是自愿联合、民主管理的互助性经济组织。农民合作社是带动农户进入市场的基本主体，是发展农村集体经济的新型实体，是创新农村社会管理的有效载体。

2. 农民合作社的特征

自愿、自治和民主管理是合作社制度最基本的特征。农民专业合作社作为一种独特的经济组织形式，其内部制度与公司型企业相比有着本质区别。股份公司制度的本质特征是建立在企业利润基础上的资本联合，目的是追求利润的最大化，"资本量"的多寡直接决定盈余分配情况。但在农民专业合作社内部，起决定作用的不是成员在本社中的"股金额"，而是在与成员进行服务过程中，发生的"成员交易量"。农民专业合作社的主要功能，是为社员提供交易上所需的服务，与社员的交易不以营利为目的。年度经营中所获得的盈余，除了一小部分留作公共积累外，大部分要根据社员与合作社发生的交易额的多少进行分配。实行按股分配与按交易额分配相结合，以按交易额分配返还为主，是农民专业合作社分配制度的基本特征。农民专业合作社与外部其他经济主体的交易，要坚持以营利最大化为目标的市场法则。因此，农民专业合作社的基本特征表现如下。

①在组织构成上，农民专业合作社以农民作为合作经营与开展服务的主体，主要由进行同类农产品生产、销售等环节的公民、企业、事业单位联合而成，农民要占成员总人数的80%以上，从而构建了新的组织形式。

②在所有制结构上，农民专业合作社在不改变家庭承包经营的基础上，实现了劳动和

资本的联合，从而形成了新的所有制结构。

③在盈余分配上，农民专业合作社对内部成员不以营利为目的，将可分配盈余大部分返还给成员，从而形成了新的盈余分配制度；在管理机制上，农民专业合作社实行入社自愿，退社自由，民主选举，民主决策等原则，建构了新的经营管理体制。

3. 农民合作社的功能

农民合作社集生产主体和服务主体为一身，融普通农户和新型主体于一体，具有联系农民、服务自我的独特功能。农民专业合作社发挥带动散户、组织大户、对接企业、联结市场的功能，进而提升农民组织化程度。在农业供给侧结构性改革中，农民合作社自身既能根据市场需求做出有效响应，也能发挥传导市场信息、统一组织生产、运用新型科技的载体作用，把分散的农户组织起来开展生产，还能让农户享受到低成本、便利化的自我服务，有效弥补了分散农户经营能力上的不足。

（四）农业龙头企业

1. 农业产业化

（1）农业产业化的概念

农业产业化是指在市场经济条件下，以经济利益为目标，将农产品生产、加工和销售等不同环境的主体联结起来，实行农工商、产供销的一体化、专业化、规模化、商品化经营。农业产业化促进传统农业向现代农业转变，能够解决当前一系列农业经营和农村经济深层次的问题和矛盾。

（2）农业产业化的要素

①市场是导向。市场是导向，也是起点和前提。发展龙型经济必须把产品推向市场，占领市场，这是形成龙型经济的首要前提，市场是制约龙型经济发展的主要因素。农户通过多种措施，使自己的产品通过龙型产业在市场上实现其价值，真正成为市场活动的主体。为此，要建设好地方市场，开拓外地市场。地方市场要与发展"龙型"产业相结合，有一个"龙型"产业，就建设和发展一个批发或专业市场，并创造条件，使之向更高层次发展；建设好一个市场就能带动一批产业的兴起，达到产销相互促进，共同发展。同时要积极开拓境外市场和国际市场，充分发挥优势产品和地区资源优势。

②中介组织是连接农户与市场的纽带和桥梁。中介组织的形式是多样的。龙头企业是主要形式，在经济发达地区龙头企业可追求"高、大、外、深、强"。在经济欠发达地区，可适合"低、小、内、粗"企业。除此以外，还有农民专业协会、农民自办流通组织。

③农户是农业产业化的主体。在农业生产经营领域之内，农户的家庭经营使农业生产和经营管理两种职能合为农户的家庭之内，管理费用少，生产管理责任心强，最适合农业生产经营的特点，初级农产品经过加工流通后在市场上销售可得到较高的利润。当前，在市场经济条件下，亿万农民不但成为农业生产的主体，而且成为经营主体。现在农村问题不在家庭经营上，而是市场主体的农户在走向市场过程中遇到阻力，亿万农民与大市场连接遇到困难。此时各种中介组织，帮助农民与市场联系起来。农户即是农业产业化的基础，又是农业产业化的主体。他们利用股份合作制多种形式，创办加工、流通、科技各类中介组织，使农产品的产加销、贸工农环节连接起来，形成大规模产业群并拉长产业链，实现农产品深度开发，多层次转化增值，不断推进农业产业化向深度发展。

④规模化是基础。从一定意义上讲，"龙型"经济是规模经济，只有规模生产，才有利于利用先进技术，产生技术效益；只有规模生产，才有大量优质产品。提高市场竞争力，才能占领市场。形成规模经济，要靠龙头带基地，基地连农户，主要是公司与农户形成利益均等，风险共担的经济共同体，使农户与公司建立比较稳定的协作关系。公司保证相应的配套服务，农民种植有指导，生产过程有服务，销售产品有保证，农民生产减少市场风险，使得农户间竞争变成了规模联合优势，实现了公司、农户效益双丰收。

（3）农业产业化的基本特征

农业产业化经营作为把农产品生产、加工、销售诸环节联结成完整的农业产业链的一种经营体制，与传统封闭的农业生产方式和经营方式相比，农业产业化有以下基本特征。

①产业专业化。农业产业化经营把农产品生产、加工、销售等环节联结为一个完整的产业体系，这就要求农产品生产、加工、销售等环节实行分工分业和专业化生产；农业产业化经营以规模化的农产品基地为基础，这就要求农业生产实行区域化布局和专业化生产；农业产业化经营以基地农户增加收入和持续生产为保障，这就要求农户生产实行规模化经营和专业化生产。只有做到每类主体的专业化、每个环节的专业化和每块区域的专业化，农业产业化经营的格局才能形成，更大范围的农业专业化分工与社会化协作的格局才能形成。

②产业一体化。农业产业化经营是通过多种形式的联合与合作，形成市场牵龙头、龙头带基地、基地连农户的贸工农一体化经营方式。这种经营方式既使千家万户"小生产"和千变万化的"大市场"联系起来，又使城市和乡村、工业和农业联结起来，还使外部经济内部化，从而使农业能适应市场需求、提高产业层次、降低交易成本、提高经济效益。

③管理企业化。农业产业化经营把农业生产当作农业产业链的"第一车间"来进行科学管理，这既能使分散的农户生产及其产品逐步走向规范化和标准化，又能及时组织生产

资料供应和全程社会化服务,还能使农产品在产后进行筛选、储存、加工和销售。

④服务社会化。农业产业化经营各个环节的专业化,使得"龙头"组织、社会中介组织和科技机构能够对产业化经营体内部各组成部分提供产前、产中、产后的信息、技术、经营、管理等全方位的服务,促进各种生产要素直接、紧密、有效地结合。

2. 农业产业化龙头企业

（1）农业产业化龙头企业的概念

农业产业化龙头企业是指以农产品生产、加工或流通为主,通过订单合同、合作方式等各种利益联结机制与农户相互联系,带动农户进入市场,实现产供销、贸工农一体化,使农产品生产、加工、销售有机结合、相互促进,具有开拓市场、促进农民增收、带动相关产业等作用,在规模和经营指标方面达到规定标准并经过政府有关部门认定的企业。

（2）农业产业化龙头企业的优势

农业产业化龙头企业弥补了农户分散经营的劣势,将农户分散经营与社会化大市场有效对接,利用企业优势进行农产品加工和市场营销,增加了农产品的附加值,弥补了农户生产规模小、竞争力有限的不足,延长了农业产业链条,改变了农产品直接进入市场、农产品附加值较低的局面。农业产业化还将技术服务、市场信息和销售渠道带给农户,提高了农产品精深加工水平和科技含量,提高了农产品市场开拓能力,减小了经营风险,提供了生产销售的通畅渠道,通过解决农产品销售问题刺激了种植业和养殖业的发展,提升了农产品竞争力。

农业产业化龙头企业能够适应复杂多变的市场环境,具有较为雄厚的资金、技术和人才优势。龙头企业改变了传统农业生产自给自足的落后局面,用工业发展理念经营农业,加强了专业分工和市场意识,为农户农业生产的各个环节提供一条龙服务,为农户提供生产技术、金融服务、人才培训、农资服务、品牌宣传等生产性服务,实现了企业与农户之间的利益联结,能够显著提高农业的经济效益,促进农业可持续发展。

农业产业化龙头企业的发展有利于促进农民增收。一方面,龙头企业通过收购农产品直接带动农民增收,企业与农户建立契约关系,成为利益共同体,向农民提供必要的生产技术指导。提高农业生产的标准化水平,促进农产品质量和产量的提升。保证了农民的生产销售收入,同时也增强了我国农产品的国际竞争力,创造了更多的市场需求。农户还可以以资金等多种要素的形式入股农业产业化龙头企业,获得企业分红,鼓励团队合作,促进农户之间的相互监督和良性竞争。另一方面,农业产业化龙头企业的发展创造了大量的劳动就业岗位,释放了农村劳动力,解决了部分农村劳动力的就业问题。

农业产业化龙头企业的发展提高了农业产业化水平,促进了农产品产供销一体化经营。通过技术创新和农产品深加工，提高资源的利用效率，提高了农产品质量，解决了农产品难卖的问题。改造了传统农业，促进大产业、大基地和大市场的形成，形成从资源开发到高附加值的良性循环，提升了农业产业竞争力，起到了农产品结构调整的示范作用和市场开发的辐射作用，带动农户走向农业现代化。

农业产业化龙头企业是农村的有机组成部分，具有一定的社会责任。龙头企业参与农村村庄规划，配合农村建设，合理规划生产区、技术示范区、生活区、公共设施等区域，并且制定必要的环保标准，推广节能环保的设施建设。龙头企业培养企业的核心竞争力，增强抗风险能力，在形成完全的公司化管理后，还可以将农民纳入社会保障体系，维护了农村社会的稳定发展。

3. 农业产业化龙头企业标准

农业产业化龙头企业包括国家级、省级和市级等，分别有一定的标准。

（1）农业产业化国家级龙头企业标准

农业产业化国家级龙头企业是指以农产品加工或流通为主，通过各种利益联结机制与农户相联系，带动农户进入市场，使农产品生产、加工、销售有机结合、相互促进，在规模和经营指标上达到规定标准并经全国农业产业化联席会议认定的企业。农业产业化国家级龙头企业必须达到以下标准。

①企业组织形式。依法设立的以农产品生产、加工或流通为主业、具有独立法人资格的企业。企业组织形式包括依照《公司法》设立的公司，其他形式的国有、集体、私营企业以及中外合资经营、中外合作经营、外商独资企业，直接在工商管理部门注册登记的农产品专业批发市场等。

②企业经营的产品。企业中农产品生产、加工、流通的销售收入（交易额）占总销售收入（总交易额）70%以上。

③生产、加工、流通企业规模。总资产规模：东部地区1.5亿元以上，中部地区1亿元以上，西部地区5 000万元以上；固定资产规模：东部地区5 000万元以上，中部地区3 000万元以上，西部地区2 000万元以上；年销售收入：东部地区2亿元以上，中部地区1.3亿元以上，西部地区6 000万元以上。

④农产品专业批发市场年交易规模：东部地区15亿元以上，中部地区10亿元以上，西部地区8亿元以上。

⑤企业效益。企业的总资产报酬率应高于现行一年期银行贷款基准利率；企业应不欠工资、不欠社会保险金、不欠折旧，无涉税违法行为，产销率达93%以上。

⑥企业负债与信用。企业资产负债率一般应低于60%；有银行贷款的企业，近两年内

不得有不良信用记录。

⑦企业带动能力。鼓励龙头企业通过农民专业合作社、专业大户直接带动农户。通过建立合同、合作、股份合作等利益联结方式带动农户的数量一般应达到：东部地区4 000户以上，中部地区3 500户以上，西部地区1 500户以上。企业从事农产品生产、加工、流通过程中，通过合同、合作和股份合作方式从农民、合作社或自建基地直接采购的原料或购进的货物占所需原料量或所销售货物量的70%以上。

⑧企业产品竞争力。在同行业中企业的产品质量、产品科技含量、新产品开发能力处于领先水平，企业有注册商标和品牌。产品符合国家产业政策、环保政策，并获得相关质量管理标准体系认证，近两年内没有发生产品质量安全事件。

（2）农业产业化省级龙头企业标准

农业产业化省级龙头企业是指以农产品加工或流通为主，通过各种利益联结机制与农户相联系，带动农户进入市场，使农产品生产、加工、销售有机结合、相互促进，在规模和经营指标上达到规定标准，经省级人民政府审定的企业。不同的省，设定的标准有所区别。

（3）农业产业化市级龙头企业标准

市级农业产业化重点龙头企业是指以农产品生产、加工、流通以及农业新型业态为主业，通过各种利益联结机制，带动其他相关产业和新型农业经营主体发展，促进当地农业主导产业壮大，促进农民增收，经营规模、经济效益、带动能力等各项指标达到市级龙头企业认定和监测标准，并经市人民政府认定的企业。

4. 龙头企业的功能定位

在某个行业中，对同行业的其他企业具有很深的影响、号召力和一定的示范、引导作用，并对该地区、该行业或者国家做出突出贡献的企业，被称之为龙头企业。龙头企业产权关系明晰、治理结构完善、管理效率较高，在高端农产品生产方面有显著的引导示范效应。当前，有近九成的国家重点龙头企业建有专门的研发中心。省级以上龙头企业中，来自订单和自建基地的采购额占农产品原料采购总额的三分之二，获得省级以上名牌产品和著名商标的产品超过50%，"微笑曲线"的弯曲度越来越大，不断向农业产业价值链的高端跃升。

（五）新型农业经营主体间的联系

专业大户、家庭农场、农民合作社和农业龙头企业是新型农业经营体系的骨干力量，是在坚持以家庭承包经营为基础上的创新，是现代农业建设，保障国家粮食安全和重要农产品有效供给的重要主体。随着农民进城落户步伐加快及土地流转速度加快、流转面积的增加，专业大户和家庭农场有很大的发展空间，或将成为职业农民的中坚力量，将形成以种养大户和家庭农场为基础，以农民合作社、龙头企业和各类经营性服务组织为支持，多种生产经营组织共同协作、相互融合，具有中国特色的新型经营体系，推动传统农业向现代农业转变。

专业大户、家庭农场、农民合作社和农业龙头企业，他们之间在利益联结等方面有着密切的联系，紧密程度视利益链的长短，形式多样。例如：专业大户、家庭农场为了扩大种植影响，增强市场上的话语权，牵头组建"农民合作社+专业大户+农户；农民合作社+家庭农场+专业大户+农户"等形式的合作社，这种形式在各地都占有很大比例，甚至在一些地区已成为合作社的主要形式；农业龙头企业为了保障有稳定的、质优价廉原料供应，组建"龙头企业+家庭农场+农户""龙头企业+家庭农场+专业大户+农户""龙头企业+合作社+家庭农场+专业大户+农户"等形式的农民合作社。但是他们之间也有不同之处。

第三节　推进新型农业经营主体建设

一、以新理念引领新型农业经营主体

目前，我国农业经营主体是专业大户、家庭农场、农民合作社、农业企业等多元经营主体共存。在此基础上培育新型农业经营主体，发展适度规模经营，构建多元复合、功能互补、配套协作的新机制，必须遵循融合、共享、开放等新发展理念。

不同经营主体具有不同功能、不同作用，融合发展可以实现优势和效率的倍增。既要鼓励发挥各自的独特作用，又要引导各主体相互融合，积极培育和发展家庭农场联盟、合作社联合社、产业化联合体等。比如，四川简阳生猪养殖就推行了"六方合作"，即养猪户、合作社、保险公司、金融机构、买猪方、政府六方共同合作，把畜牧产业链条上各主体、各要素紧密串联，实现了多方共赢。安徽、河北等地也在探索发展农业产业化联合体，他们以龙头企业为核心、农民合作社为纽带、家庭农场和专业大户为基础，双方、多方或全体协商达成契约约定，形成了更加紧密、更加稳定的新型组织联盟。各主体分工协作、相互制约、形成合力，实现经营的专业化、标准化，以及产出的规模化和共同利益的最大化，是实现第一、第二、第三产业融合发展的有效形式。

农民的钱袋子是否鼓起来，是检验新型农业经营主体发展成效的重要标准。一定要避免强者越强、弱者越弱，主体富了、农民依然原地踏步的情况发生。特别是在企业与农民的合作与联合中，一定要建立共享机制，促进要素资源互联互通，密切企业与农民、合作社与合作社、企业与家庭农场、企业与合作社等之间的合作，从简单的买卖、雇佣、租赁行为，逐步向保底收购、合作、股份合作、交叉持股等紧密关系转变，形成利益共同体、责任共同体和命运共同体。

开放是大势所趋，是农业农村改革发展的活力所在。建设现代农业，要把握好国内国际两个市场，畅通市场渠道，以更加开放、包容的姿态迎接各类有利资源要素。在土地流转、农地经营、农业生产服务、农产品加工营销等方面，应鼓励多元主体积极参与，以市场为导向，一视同仁，公平竞争，做到农地农用、新型经营主体用、新型职业农民用、新农人用。土地流转可以跨主体进行，实现资源优化配置，农业社会化服务可以跨区域展开，实现降成本、增效益的目的，城市工商资本按照有关规定可以流转土地参与农业经营，引领现代农业发展趋势，电子商务等IT企业也可以发展生鲜电商、智慧农业等，培育新业态，发展新产业。同时，各类新型主体都要严守政策底线和红线，不得改变土地集体所有性质，不得改变土地农业用途，不得损害农民土地承包权益。

二、搞好新型农业经营主体规范化建设

规模是规范的基础，规范是质量和声誉的保障。经过多年来的自我发育和政策支持，各类新型农业经营主体蓬勃发展，总体数量和规模不断扩大，新型农业经营主体成为建设现代农业的骨干力量。现存的问题是，这些主体规范化程度不高，有的是"空壳子"，长期休眠不生产经营；有的是"挂牌子"，一个主体、几块牌子，既是家庭农场、合作社，又是龙头企业，搞得"四不像"；有的没有过硬的技术，没有明确的发展目标，没有拿得出手的产品，这些都影响了新型农业经营主体的整体质量和外在形象。要把规范化建设作为促进新型农业经营主体可持续发展的"生命线"，把规范和质量摆在更重要的位置。

（一）家庭农场要还原本质特征

家庭农场的本源是家庭经营，是指夫妇双方和子女的核心家庭，不能泛化。家庭农场的本质内涵是家庭经营、规模适度、一业为主、集约生产，每句话都有含义。

1. 家庭经营

现阶段，从全球范围看，所谓家庭农场应是核心家庭的劳动力经营，是经营者的自耕，不能将所经营的土地再转包、转租给第三方经营。要积极倡导独户农场，而不应将雇

工农场、合伙农场、兼业农场、企业农场等作为规范化、示范性农场。农忙时可以雇短工，可以有1~2个辅助经营者，但核心家庭成员的劳动和劳动时间占比一定要达到60%以上。

2. 规模适度

家庭经营的上述特征决定了只能发展适度规模经营，动辄几千亩、上万亩土地的经营规模反过来会导致报酬递减。我们提倡的家庭农场土地平均规模是当地农户平均规模的10~15倍，就是这个道理。

3. 一业为主

家庭农场要规避低效率的小而全、大而全的生产经营方式，根据自身的能力和职业素质，选择主导产业，依托社会化服务，实现标准化、专业化生产，才能更充分体现家庭农场经营的优越性。

4. 集约生产

家庭农场最重要的内涵是使其劳动力与其他资源要素的配置效率达到最优，最大限度地发挥规模经营效益和家庭经营优势。因此，家庭农场要秉承科技创新理念，在生产的全过程，节约资源投入，科学经营产业，降低生产成本，提升产品质量和效益，实现可持续发展。

（二）农民合作社要扩大规模

从国际合作社发展情况来看，合作社个体数量减少，但单一经营或服务的规模不断扩张，呈现出规模化的趋势。要遵循合作社本质，坚持合作社归农户所有、由农户控制、按章程分配的办社原则。在此基础上，按照合作社同类合并、规模扩大、质量提升的发展之路，扩大经营规模，积极发展联合社和集生产、供销、信用"三位一体"的综合社，提高综合竞争力。

（三）龙头企业要发挥作用

龙头企业与一般企业的本质区别，就在于要带动农民发展，通过建立利益联结机制，让农民分享产业链的增值收益。这也是中央扶持龙头企业的重要原因。龙头企业必须坚持服务农民、帮助农民、富裕农民的原则，在自愿平等互利的基础上，规范发展订单农业，为农户提供质优价廉的生产服务，吸引农民以多种形式入股，形成经济共同体、责任共同体和命运共同体。

（四）对于工商资本进入农业要规范引导

正面看待工商资本进入农业的积极性和取得的显著成效，鼓励和支持城市工商资本进入农村、投资农业，重点从事农户和农民合作社干不了、干不好、干不起来的领域，如种养业产前产后服务、设施农业、规模化养殖和"四荒"资源开发等产业，种苗、饲料、储藏、保鲜、加工、购销等环节，发展农业产业化经营，与农民实现共生、共舞、共赢。同时，要加强监管和风险防范，坚决制止个别工商资本以搞农业为名、行圈地之实。不提倡工商企业长时间、大面积租赁农户承包地，加强事前审查、事中监管、事后查处和风险防范。坚持保护农民利益，对非法挤占农民利益，甚至坑农害农的行为，要严肃查处，追究责任。

第七章　农业农村一二三产业融合发展

第一节　三大产业相关理论

一、三大产业分类与定义

(一) 产业分工

产业分工促进了一二三产业的分离发展，而随着技术进步、产业交叉重组、产业渗透，一二三产业的发展又带来了产业融合发展。分工和专业化，是对同一个事物的两种不同的表达。分工，通俗地讲，就是不同的人干不同的事情；而专业化，是分工的另一种表达，意即同一个人专注于干同一件事情。一个国家的产业与劳动生产力的增进程度如果是极高的，则该国各种行业的分工一般也都将达到极高的程度，反过来说，如果一个国家各行业的分工程度很低，那么这个国家的产业发展水平和生产力发达程度也不会高。分工是为了更好地专业化，有分工与专业化，才会出现界限比较清晰的多个产业，但随着多种先进要素的出现与进步，为了交易、为了节约成本，分工基础上各产业主体又必将寻找合作的机会，为一二三产业融合发展提供最原始的基础。

(二) 产业边界

产业边界是由产业经济系统诸多子系统构成的与其外部环境相联系的界面。边界是系统理论中的基本概念。边界存在的范围非常广泛，在系统与环境之间扮演着双重角色，是人们对于系统和系统与环境之间关系的未来演化进行预测和决策分析的重要依据。将系统理论中的边界概念引入产业组织理论研究，由此而得"产业边界"的概念。传统意义上，产业的定义很清晰，随着技术的渗透，产业之间的边界就已经不是很清晰了，产业边界开始模糊化。产业分工和产业边界既是产业融合的基础，又与产业融合形成必然辩证统一，没有产业分工与产业边界，就不存在产业融合，没有产业融合，各产业分离发展，就无法形成产业新业态，社会也将停滞不前。

(三) 产业融合

融合是分工基础上的结合。随着分工的发展，产业不断细分，产业数目逐渐增多。但是，这一过程的演进始终伴随着一个相反的运动，即将某些已经分开的产业再合并在一起，原来已经形成的分工界限重新变得模糊。这一"分久必合、合久必分"的内在统一现象，并不是在今天的信息时代和网络化时代才出现的，产业融合不是几个产业简单的相加，而是通过相互作用、相互渗透，逐渐融为一体，并显现出新的产业属性和新的产业形态。从系统论的角度看，产业是一个系统，是由技术、产品、市场、经营者等要素构成的有机整体。推动产业融合发生的主体，主要是企业。产业融合的客体是具体推动的融合对象，主要包括技术、产品和市场。

(四) 三大产业分类

第一产业，是指各类职业农民和各类水生、土生等农业原始产品，如粮农、菜农、棉农、猪农、豆农、渔民、牧民、瓜农、茶农，以利用生物的自然生长和自我繁殖的特性，人为控制其生长和繁殖过程，生产出人类所需要的不必经过深度加工就可消费的产品或工业原料的一类行业。

第二产业是包括各类专业工人和各类工业或产品，如注塑工、操作工、压刨工、缝纫工、焊工。传统产业经济理论中对产业划分中的一个产业部门，指对第一产业和本产业提供的产品（原料）进行加工的产业部门。按"三次产业分类法"划分为采矿业、制造业、电力、燃气及水的生产和供应业、建筑业。

第三产业即各类服务或商品。包含公共服务业（政治文化业、大型或公办教育业、大型或公办医疗业、公办行政、管理业、公办金融业、公办咨询收费业、声优动漫制作事务所、公办客运业、管理人员、科研教育或培训业、人力资源事务所、大型粮棉油集中购销业、民族宗教、影视媒体事务所、兵役）、个体商人服务业（盲人按摩业、个体售卖坐商、个体餐饮业、住宿业、维修理发美容服务性商业、个体加工业、个体文印部、个体药店、个体洗浴业、个体网吧、回收租赁业、外卖流动商贩、流动副业）、综合服务业（房地产开发服务业、宇宙开发业）。

(五) 三大产业定义

产业分类方法很多，以下概念源于"三次产业分类法"。

(1) 直接从自然界获取产品的物质生产部门为第一次产业，如农业、牧业、渔业等。

(2) 加工取自自然界的物质的生产部门为第二次产业，如制造业、建筑业、电业、采矿。

(3) 从第一次、第二次产业物质生产活动中衍生出来的非物质生产（提供劳务的）部门划为第三次产业。第三（次）产业指广义上的服务业，如储运业、通信业、餐饮业、科学、教育、文化、卫生等行业。

（六）农业农村三大产业

农业农村三大产业中，一产一般泛指农业生产，因地制宜，发展特色农业、循环农业、现代化高效农业。二产是"农产品加工业"，是以农业物料、人工种养或野生动植物资源为原料进行工业生产活动的总和，从当前我国农产品加工的品种类别来看，国内产品种类较少，品种单调。我国在统计上与农产品加工业有关的是食品加工业、食品制造业、饮料制造业、烟草加工业、纺织业、服装及其他纤维制品制造业、皮革毛皮羽绒及其制品业、木材加工及竹藤棕草制品业、家具制造业、造纸及纸制品业、印刷业和记录媒介的复制和橡胶制品业共12个行业。三产是"农业相关服务业"，拓展延伸农产品功能和提升附加值，如农业观光、科普教育、品牌展示、文化传承等，近年来农家乐发展愈加壮大。

农村一二三产业融合发展，让农业"接二连三"是现代农业的本质特征，是经济发展的必然趋势。农村一二三产业融合发展就是要在做强农业的同时，通过有效的组织方式和紧密的利益联结机制，把农村一二三产业紧密结合起来，融为一体，相互促进，实现共赢。进入21世纪后，随着我国城镇化和工业化的快速推进，农业农村基础设施不断完善，信息化技术快速应用，全国各地开始出现农业与二三产业融合发展的倾向。例如，在城镇郊区发展观光农业、休闲农业、都市农业等；在发达地区发展信息农业、设施农业；在农产品主产区，发展高端增值农业，建立农产品加工基地，设立农产品直销地等。

二、相关理论基础

（一）产业链理论

1. 农业产业链的概念

农业产业链是指依托市场对资源和农产品的合理配置，集中资金、土地、劳动力等生产要素，种养业、运输业、加工业、销售业围绕某一具体产品进行"产、加、运、销"或"产、运、销"的链状结构。农业产业链是产业链中特殊的一类，这一类产业链把农产品作为其中的构成环节和基本要素。简单点说,农业产业链是产业链在农业领域的具体应用。

2. 农业产业链与农村一二三产业融合发展的联系与区别

跨产业集约配置,使得农村一二三产业之间紧密相连,从而达到农业产业链延伸、产业范围扩展和农民收入增加的效果。而农业产业链在于反映产业之间的关系,注重其内部效应、相互作用的方式和程度,达到价值的形成和增值的过程。产业链特别注重其内部的组织结构、整合互动和协调稳定,而农村一二三产业融合发展更加注重各产业要素的融合。

农业产业链是单一和线性发展的,其并未形成新业态,只是其内部的组织结构的发展。农业产业链的横向扩宽就形成了产业融合。把农业产业链和农业产业融合联系在一起,可发现它们相互的乘积构成一种块状农业产业链,而农村一二三产业融合本质上属于产业融合,可见,农村一二三产业融合在发展实践上有纵向与横向融合的双重模式,换一句话说,农村一二三产业融合发展就是农业产业链发展的扩展和延伸。

(二)农业多功能理论

把农业的功能划分为物质产品功能和非物质产品功能。相对复杂的分类来说,将农业的功能概括为经济功能、社会功能与环境功能。有些学者则认为,对农业功能的研究应该从经济、生态、文化方面来进行,农业的功能应该分为经济功能、生态环境功能和文化功能。

(三)产业融合理论

1. 产业融合的内涵综述

产业融合的内涵大致可以分为两大类,从产业融合方面来看,可从四个方面来下定义:第一,从技术融合方面来定义产业融合,产业融合是某些技术在一系列行业中的广泛使用和传播,从而形成创新活动发生的过程。第二,从产业边界演化方面来定义,产业融合是为了适应产业增长而发生的产业边界的收缩或消失。第三,从融合过程方面,产业融合最开始是技术融合,然后到业务融合,最后到市场融合的一个逐渐融合的过程,如果缺乏其中任何一个必要的阶段,就不能说是产业融合。第四,从产业组织的方面,将产业融合为技术创新和技术创新放松限制的整合,减少行业之间的障碍,加强企业之间的竞争现象,即过去的两个或更多的独立产业,当大多数成为直接竞争对手时,就会发生产业融合。

另外，从融合范围方面来看，从三个方面定义：一是狭义层面的定义，认为产业融合是在数字融合的基础上出现的产业边界模糊化的现象。二是中观层面的定义，认为融合主要发生在相关部门的信息技术应用中，通过利用信息技术，而形成新兴行业，特别是服务业，产业结构可以重塑，也就是通过数字激活服务业重建。三是广义层面的定义，认为融合不仅发生在信息产业及其相关部门，也可以扩展到各行业中，是消除市场准入壁垒和产业界限后，远离市场的兼并和融合。

2. 农村一二三产业融合与农业多功能的联系

农村一二三产业融合与农业的多功能性联系紧密。两者相互联系，相互促进。首先，开发农业多功能性，发挥农村的资源优势，有利于农村一二三产业融合的发展。农业不是功能单一的产业，它所具有的经济、社会、文化和生态功能对于农业与二三产业的紧密融合有着不可替代的作用。特别是农村旅游业，农村广阔的地理空间、多样的生态环境、深厚的传统文化底蕴是农村旅游业发展的基础，而其特有的自然、生态和文化资源能够满足城乡居民对回归大自然、乡村旅游等多方面的需求。其次，农村一二三产业融合也丰富了农业多功能的内容，使农业多功能的内涵更丰富。新的融合产业推动原有产业升级，优化农业资源配置，扩大农业生产规模、农业产业结构转型升级，农民收入增加，就业机会扩大，增加农业综合效益和社会功能。

第二节 融合发展基本路径

一、融合发展路径

（一）新型农村大力发展产业融合的模式

当今社会进城务工的人数与日俱增，农村地区人口稀疏，大多为老人、妇女、儿童，致使劳动力极其匮乏，农业发展滞后。因此，大力推进农村产业融合可以最大限度地改善农村现状，以产业融合带动农村发展吸引大批"回乡热"，从而加速新型农村和城镇化建设，实现全面小康的共同目标。新型农村的发展模式必须建立在当地特色的基础之上，利用农村产业融合的协调发展，将农村建设成为高效且具备创新意识的可持续发展的新农村。农村的地理环境、自然资源、地方性政策等均可视为农村发展过程中的可用资源。我国农村分布广、差异大，大力发展农村经济必须借助于当地农村的可用资源，开发出具有地域性特色的农村产业融合新模式。

1. 单一化向多元化转型，推进农村发展新模式

随着社会经济的快速发展，传统的"自给自足"的农业生产模式早已不适应现代农业经营模式的需求。为适应当今社会农业和农村经济发展，建设新型农村和加速农村产业融合迫在眉睫。以产业融合为主体，对土地、技术、资金和劳动力集中优化，提升农村资源的利用效率，才能大力推动现代化农村发展。农村产业融合的高速发展将会带动农村产业的规模化建设。新型农村须秉持以广大劳动人民的利益优先的原则，大力推动农村发展，吸引农民种田，从而有效提升农村土地资源利用率。此外，政府要充分利用农村资源加快农村相关产业融合发展，充分挖掘农村潜在优势。可通过建设农村合作社等农业组织发挥模范带头作用，形成多种模式聚集的农村相关产业融合新形势，推进特色农业相关产品一体化的快速发展模式，促使产业单一化向多元化过渡，推进农村快速发展。

2. 以农产品本身为基础，加快相关产业链建设

农产品生产是农村发展的基础，也是促进产业融合的基础。以此为基础加快产业链建设，依靠农村本地资源打造特色农副产品，做到产业一体化，实现产业融合。依靠农产品加工和优质企业销售，能够将产品和市场需求等充分结合起来，推动农副产品由生产决定向消费决定成功转型。通过优质企业的加工销售将会形成稳定、高质量保证的农产品来源，有利于打造农业品牌，真正实现农村一二三产业融合。除了强化农产品原料基地作用，在生产、加工环节做出努力，还可以延伸产业链，在销售环节实现农业内部的产业融合，兴办农产品加工业，利用如今的互联网优势，在网上进行售卖，加强农业与餐饮业、工业、手工业之间的交流，不将农业分离开来独立发展，而要实现多产业全面发展。在发展过程中，要注重结合本地区自身特点，因地制宜，制定相关配套的缜密制度、实施准则、考核方案等文件，构建完整的政策实施体系。

3. 注重农村文化建设，激活新型农业发展

注重农村的文化建设，挖掘农村的文化内涵，就要以农产业本身为基础，促进农业与旅游、文化、体育、科技、手工业、电子商务、休闲养生等有机结合，形成多方位、多结构、多模式的新型农业，切实增强农村农业的经济发展，带动农民致富。利用农村所独有的自然生态环境和乡土文化气息来吸引商机，加上现在大量网络电商的发展，一三产业融合成为了大趋势，大力发展农村自然环境观光游和休闲体验式农业，激活新型农业发展。例如：现在各农村兴办的生态采摘园产业，游客通过自己劳动采摘水果，不仅节约了劳动

力，更省去了寻找销售渠道的步骤，自行采摘之后就进行售卖，还有农家乐、农家菜的产业，展示了农村的风土人情，促进了当地的旅游业，调动了城市人们的旅游热情，推动了当地经济发展。

（二）推进农村一二三产业深度融合机制

推进农村产业融合和发展，不能浮于表面，要从不同层次进行深度融合。受传统小农经济思想的影响，农民对于土地流转的认识始终是带有偏见的，但通过土地流转，能够全面优化农村的土地资源配置，增强土地的产出率，对于新农村的建设具有重要的现实意义，解放更多劳动力从事其他产业的发展，进一步促进了产业融合。但目前来看，我国农村土地流转效率并不乐观，水平普遍很低，土地流转形式单一，严重阻碍我国农村经济的发展。究其原因，主要在于制度与法律存在很大的漏洞，无法让土地流转规律有序进行，土地规模化经营自然也受到了很大的影响。所以，政府当务之急是要进一步完善土地流转的制度。首先，要健全相关的法律法规进行适当约束。但更重要的是要认识到市场在这个过程中发挥的举足轻重的作用，坚持市场导向，一切程序必须规范化、标准化、合法化。

农产品加工业的发展是农村产业融合整体环节中的重中之重。农产品加工业规模化发展的程度直接影响到农产品的销售水平。但由于农产品加工企业的缺乏，导致长期以来农产品加工水平跟不上其产量，现阶段大多数农产品得不到好的加工升级，被迫以原始农产品形式出口销售，农产品应有潜在价值得不到充分应用。市场上多为中小型农产品加工企业，但此等规模的企业对农产品的加工能力因受设备条件、技术制约、资金匮乏等多重因素的限制而大大减弱，并且形成较多小众品牌，大型的特色龙头企业匮乏，造成品牌效益低下。因此，农村产业融合的发展，必然离不开农产品加工业水平的提升。要想提升农产品加工力，扩大农产品精深加工层次，一方面，农产品加工企业要与科研部门大力合作，将农业创新科技投入农业生产加工部门，引进先进农产品加工技术，促进企业农产品加工能力的提升。另一方面，对中小型农产品加工企业进行深化改造，政府给予一定支持，使其不受设备、资金、技术等因素制约，加大生产加工能力，打造自身品牌优势，加大宣传力度，扩大品牌影响力，形成完善的产业链，能够更好地促进农村产业融合。

在提升农产品质量、降低加工成本的同时，农产品销售是农业经营的保障。作为产业链的终端，农产品的销售渠道主要是通过国有企业的采购来实现，除此之外的销售渠道少之又少。销售渠道的狭隘致使高品质农产品得不到推广宣传，销量达不到要求，产业融合成果得不到很好的体现。因此，要在农产品需求量大的地方积极开展优质农产品展示推销会，在此基础上，需结合现代互联网技术，将农产品推销与网络相结合，建设农产品推广的互联网平台，进一步拓宽农产品推广渠道。为保障农业经营机制，对农业个体经营户和私有企业等农业经营主体进行经济优惠政策，依照当地农业发展实情，因地制宜，通过投放农村产业融合资金、政府补贴、贷款等形式对农村金融体制进行进一步完善。

农村产业融合需要专业性强、技术性高的农民参与，但目前我国农村劳动力的专业知识与职业技能远达不到农业发展的需求。农村产业发展水平滞后与不匹配的农村劳动力之间有着密切的关系。所以，在此现象发生的基础上，解决办法就是不断提高农民的技能素养，培养高水平高技能的劳动力。因此，各企业需要对自家农民员工进行对应的农产品知识培训，提高农民职业技能水准，培养一批批有思想、有技术、懂经营的复合型人才。也可以将剩余劳动力进行转移，如放置于不需要专业农产品技术的非农业岗位或类似农产品加工的职位，从而实现劳动力的合理分配，提高农业生产效率。

二、创业创新促进融合

（一）农村创业创新内容

鼓励和引导返乡下乡人员结合自身优势和特长，根据市场需求和当地资源禀赋，利用新理念、新技术，开发农业农村资源，发展优势特色产业，繁荣农村经济。重点发展规模种养业、特色农业、设施农业、林下经济、庭院经济等农业生产经营模式，烘干、贮藏、保鲜、净化、分等分级、包装等农产品加工业，农资配送、耕地修复治理、病虫害防治、农机作业服务、农产品流通、农业废弃物处理、农业信息咨询等生产性服务业，休闲农业和乡村旅游、民族风情旅游、传统手工艺、文化创意、养生养老、中央厨房、农村绿化美化、农村物业管理等生活性服务业，以及其他新产业、新业态、新模式。

鼓励和引导返乡下乡人员按照法律法规和政策规定，通过承包、租赁、入股、合作等多种形式，创办领办家庭农场林场、农民合作社、农业企业、农业社会化服务组织等新型农业经营主体，通过聘用管理技术人才组建创业团队，与其他经营主体合作组建现代企业、企业集团或产业联盟，共同开辟创业空间。通过发展农村电商平台，利用互联网思维和技术，实施"互联网+"现代农业行动，开展网上创业。通过发展合作制、股份合作制、股份制等形式，培育产权清晰、利益共享、机制灵活的创业创新共同体。

（二）农村创业创新的难点

融资难是许多农村创业者犹豫徘徊的重要原因，也是一些好的创业项目半途而废的原因。针对"钱"的难题，政策明确推进农村承包土地的经营权抵押贷款试点，建立返乡下乡创业创新人员的信用评价体系；已有财政支农政策和支持相关人员创业政策要向返乡下乡创业创新延伸覆盖。同时加大财政支持力度，加快将现有财政政策措施向返乡下乡人员创业创新拓展，将符合条件的返乡下乡人员创业创新项目纳入强农惠农富农政策范围。对于农村创业者来说，用地也是一大难题。针对用地难，规定允许依法使用农村集体土地发展农业产业，使用农村集体建设用地直接开展创业，依托自有和闲置农房院落发展"农家乐"，和当地农民合作利用宅基地改建自住房；依托现有存量建设一批返乡创业园区；兴办农产品初加工等，用电均执行农业生产电价。人才和技术的缺乏是农村的痛点，也是农村创新创业的难点。在一些落后偏远的农村地区，人才的引进和技术的获得更是难上加难。针对引进人才难和技术获得难，我国提出实施农民工等人员返乡创业培训五年行动计划和新型职业农民培育工程、农村青年创业致富"领头雁"计划、贫困村创业致富带头人培训工程，开展农村妇女创业创新培训，让有创业和培训意愿的返乡下乡人员都能接受培训。

（三）农村创业创新的政策保障

1. 改善金融服务

采取财政贴息、融资担保、扩大抵押物范围等综合措施，努力解决返乡下乡人员创业创新融资难问题。稳妥有序推进农村承包土地的经营权抵押贷款试点，有效盘活农村资源、资金和资产。鼓励银行业、金融机构开发符合返乡下乡人员创业创新需求的信贷产品和服务模式，探索权属清晰的包括农业设施、农机具在内的动产和不动产抵押贷款业务，提升返乡下乡人员金融服务可获得性。推进农村普惠金融发展，加强对纳入信用评价体系返乡下乡人员的金融服务。加大对农业保险产品的开发和推广力度，鼓励有条件的地方探索开展价格指数保险、收入保险、信贷保证保险、农产品质量安全保证保险、畜禽水产活体保险等创新试点，更好地满足返乡下乡人员的风险保障需求。

2. 加大财政支持力度

加快将现有财政政策措施向返乡下乡人员创业创新拓展，将符合条件的返乡下乡人员创业创新项目纳入强农惠农富农政策范围。新型职业农民培育、农村一二三产业融合发展、农业生产全程社会化服务、农产品加工、农村信息化建设等各类财政支农项目和产业基金，要将符合条件的返乡下乡人员纳入扶持范围，采取以奖代补、先建后补、政府购买服务等方式予以积极支持。大学生、留学回国人员、科技人员、青年、妇女等人员创业的财政支持政策，也要向返乡下乡人员创业创新延伸覆盖。把返乡下乡人员开展农业适度规模经营所需贷款纳入全国农业信贷担保体系。切实落实好定向减税和普遍性降费政策。

3. 开展创业培训

实施农民工等人员返乡创业培训五年行动计划和新型职业农民培育工程、农村青年创业致富"领头雁"计划、贫困村创业致富带头人培训工程，开展农村妇女创业创新培训，让有创业和培训意愿的返乡下乡人员都能接受培训。建立返乡下乡人员信息库，有针对性地确定培训项目，实施精准培训，提升其创业能力。地方各级人民政府要将返乡下乡人员创业创新培训经费纳入财政预算。鼓励各类培训资源参与返乡下乡人员培训，支持各类园区、农民合作社、中高等院校、农业企业等建立创业创新实训基地。采取线上学习与线下培训、自主学习与教师传授相结合的方式，开辟培训新渠道，加强创业创新导师队伍建设，从企业家、投资者、专业人才、科技特派员和返乡下乡创业创新带头人中遴选一批导师。建立各类专家对口联系制度，对返乡下乡人员及时开展技术指导和跟踪服务。

4. 完善社会保障政策

返乡下乡人员可在创业地按相关规定参加各项社会保险，有条件的地方要将其纳入住房公积金缴存范围，按规定将其子女纳入城镇（城乡）居民基本医疗保险参保范围。对返乡下乡创业创新的就业困难人员、离校未就业高校毕业生以灵活就业方式参加社会保险的，可按规定给予一定社会保险补贴。对返乡下乡人员初始创业失败后生活困难的，可按规定享受社会救助。持有居住证的返乡下乡人员的子女可在创业地接受义务教育，依地方相关规定接受普惠性学前教育。

5. 强化信息技术支撑

支持返乡下乡人员投资入股参与信息进村入户工程建设和运营，可聘用其作为村级信息员或区域中心管理员。鼓励各类电信运营商、电商等企业面向返乡下乡人员开发信息应用软件，开展农业生产技术培训，提供农资配送、农机作业等农业社会化服务，推介优质农产品，组织开展网络营销。面向返乡下乡人员开展信息技术技能培训。通过财政补贴、政府购买服务、落实税收优惠等政策，支持返乡下乡人员利用大数据、物联网、云计算、移动互联网等新一代信息技术开展创业创新。

6. 创建创业园区

按照政府搭建平台、平台聚集资源、资源服务创业的思路，依托现有开发区、农业产业园等各类园区以及专业市场、农民合作社、农业规模种养基地等，整合创建一批具有区域特色的返乡下乡人员创业创新园区，建立开放式服务窗口，形成合力。现代农业示范区要发挥辐射带动和示范作用，成为返乡下乡人员创业创新的重要载体。支持中高等院校、大型企业采取众创空间、创新工厂等模式,创建一批重点面向初创期"种子培育"的孵化园,有条件的地方可对返乡下乡人员到孵化园创业给予租金补贴。

(四)农村创业创新的组织领导

健全组织领导机制。各地区、各有关部门要充分认识返乡下乡人员创业创新的重要意义,作为经济社会发展的重点任务予以统筹安排。农业农村部要发挥牵头作用,明确推进机构,加强工作指导,建立部门间协调机制,督促返乡下乡人员创业创新政策落实,加强经验交流和推广。地方人民政府要建立协调机制,明确任务分工,落实部门责任,形成工作合力;加强调查研究,结合本地实际,研究制定和落实支持返乡下乡人员创业创新的政策措施。探索建立领导干部定点联系返乡下乡人员创业创新制度,深入了解情况,帮助解决实际问题。

三、产业支撑融合

(一)加强政府引导和支持

我国幅员辽阔,气候类型差异明显,区域间农业类型各异,适合各种经济和非经济作物生长。促进三大产业融合发展,既要坚持顶层设计,又要坚持因地制宜,分类施策。加强政策导向和结合地方实际,先期打造一批精品工程和亮点特色,发挥好示范带动引领作用。对三大产业融合发展较好的区域,在财政、税收、金融、资金等方面给予政策倾斜。尤其对于农业主产区来说,更是要坚持以农为本,以农民增收为导向,发展好第一产业这个基础,在一产做大做强的基础上,不断延伸产业链条,发展农产品精深加工,并不断把产业链条延伸至三产等附加值较高的领域。

(二)加大农业科技、人才投入

只有为农业插上科技的翅膀,三大产业融合才能健康、深度发展。加大农业科技投入,首先要充分发挥国家惠农政策红利,对制约三大产业融合发展的关键共性技术进行集中攻关和技术成果转化和推广。其次要不断加大良种普及率、提高全产业链条机械化程度,为产业链延伸注入科技元素。加大农业人才培养,一方面要加强城乡互动,促进城乡之间要素自由流动。另一方面,要充分挖潜本地人才、种地能手、经营好手,培养新型职业农民,同时又要更好发挥企业、科技院所、中介机构等科技和专项人员在技术和渠道等方面优势,鼓励他们来农村传道授业、推广最新技术、包地创业。

（三）充分发挥农业多功能价值，创新和完善利益联结机制

随着工业化不断推进，我国已进入由服务经济为主导的发展阶段，除了经济功能之外，农业在其他方面的价值也在不断凸显，比如生态功能、外汇功能、政治功能、教育功能以及休闲娱乐文化功能等等，正是在此基础上，才为我国三大产业融合的发展提供了载体和条件。各地区要不断立足实际，紧紧围绕周边中高端市场，打造多功能于一体的三大产业融合综合体，促进三大产业融合健康、良性发展。在三大产业融合发展过程中，由于我国起步较晚，农民在整个产业链条当中由于资金、技术、渠道等要素的短缺，处于劣势地位，导致农民利益边缘化，因此需要不断完善各个主体间的利益联结机制，切实构建起以农民增收为导向的利益链条，促进农民内生力量的增长。

四、机制带动融合

（一）中国农村"三产融合"政策机制环境探究

农业在国民经济发展中有着基础性和保障性的作用。农业政策是保证其正确发展的方针指向，农村"三产融合"政策机制是指引农业现代化发展的行动指南。我国应积极探索出适合我国农村"三产融合"发展的农业政策机制，通过不断完善的政策机制，发挥其引领作用，不仅能够增加农民收入，促进农村"三产融合"的发展，还能够推进农业现代化的步伐。

1. 利益联结机制不健全

现阶段，我国农村"三产融合"的发展在利益联结机制建设方面尚不健全，在产业融合过程中，农户与企业及农村合作社的联结程度有待加强，尤其在利益联结方面还有待加强，企业与农户的联结程度不够，对农户的带动作用还不强。部分地区的企业和农户利益联结机制不够完善，各方出于追求自身利益最大化的目标，争夺农村"三产融合"过程中产生的利润，但"合则两利，私则均损"是"三产融合"不争的事实，尤其是竞争能力极弱的分散农户，在"三产融合"发展过程中，更多的利益还是被龙头企业所剥夺，从而削弱了农户参与农村产业融合的积极性，阻碍了农村"三产融合"的发展。

2. 利益联结机制不紧密

现阶段，在我国农业发展中还未建成紧密联系的合作机制，缺乏联系紧密的合作方式。农村"三产融合"发展中，利益联结紧密的股份制形式发展较少，融合联结机制比例

比较低，能生动力不足。

3. 缺乏利益监督约束机制

农村"三产融合"发展中，企业、农户等农业经营主体的利益机制与政府制定的法律、行政法规等分离，尚未有机结合起来。农户与企业之间缺少标准合同的签订，造成政府等农业监管部门无法对"三产融合"过程中的交易行为进行合理的监督管制，更难对其进行约束。

4. 经营组织间利益制度建设不强

"三产融合"的提出要求各参与主体之间地位要对称。但我国农业产业化进程中，仍以分散合同的形式为存在，各主体都是相对独立的利益单位，这将导致利益分配的不对称。

5. 农业生产经营组织间矛盾重重

从合作社内部之间来看，合作社产权关系不明晰、利益联结机制脆弱、合作社内部民主决策机制较差、成员专业化程度不高、合作社统一经营难题多等是存在的主要问题；从龙头企业与农民合作社之间来看，利益分配不公、法律意识淡薄、合同履约意识差、利益联结机制不紧密等是存在的主要问题。

6. 金融机制环境不佳

我国农村金融机构起步较晚，还未形成与农村"三产融合"相配套的金融体制机制。从农村金融机构主体来看，农村金融供需不匹配。农村商业银行数量高速的增长在一定程度上促进了农村金融的发展，一方面金融机构需要吸收农村存款，来提高自身的经济收益，另一方面要为农村农业发展提供资金的支持，其提供的资金支持的借款利率也给农民带来一定压力，难以有效满足农村"三产融合"发展中的资金需求。从政府部门客体来看，第一，农村金融组织产权结构合理化程度不足。第二，农村金融市场缺乏竞争机制。我国农村金融主要以农信社为主，几乎处于垄断地位，其制定的市场规则，造成行业之间缺乏竞争。第三，农村金融发展受到制度的制约。政策制度往往达不到促进农村金融发展的目的。

7. 政策制度配置不平等

在我国，国家政策的制定一直向城市倾斜，造成农村政策的缺失。在国家政策制定的过程中，农民往往丧失了话语权，并且这种情况基本上被社会所认可。在农村"三产融合"发展过程中，农民往往充当的是"利益相对受损集团"。由于利益表达机制的缺乏，农民合理的利益诉求难以及时传达，造成政府与农户之间利益诉求存在滞后性的特点。

(二）中国农村"三产融合"与其他国家政策机制的比较分析

1. 政策制度的比较

从我国政府在农村"三产融合"政策制度的制定来看，相关法律较为宏观，农业政策上缺少针对农村"三产融合"的专项政策制度，缺少配套的政策，农业政策涉及众多参与"三产融合"的主体，政策的制定要切实具体到相应经营主体，而不能让其无法可依。

我国政府要加快建立健全针对"三产融合"发展的政策制度，积极推进现有政策的落实，制定出推动农村"三产融合"发展的政策方案。在"三产融合"发展过程中，要加强与相关部门沟通，不断深化细化农村产业融合的政策制度。涉农政策的制定要向参与农业产业融合的经营主体倾斜，给其倾斜化的政策保障。政府要对我国农村"三产融合"的发展进程做到仔细研判，根据过程中的不同阶段和不同问题制定针对性政策。

2. 管理机制的比较

因我国农村"三产融合"起步较晚，尚未建立与其相配套的管理机制。日本在推进"六次产业化"过程中，专门设有负责"六次产业化"的专门司局和处室，自上而下成立了推进的组织机构，还设置了支援促进中心，建立了专家服务团队。只有依据本国农业发展制定具体而详尽的管理机制，才能达到最佳的管理效果。

定期组织参与产业融合主体的监督和检查，使农村产业融合发展的政策措施成为真正推动"三产融合"发展的有力保障。加强对产业融合过程中问题的责任追究，对执行不力、工作落实不到位的主体要建立问责机制，从而推动农村"三产融合"良性发展。强化农村"三产融合"发展中履职尽责的刚性约束。要用制度的约束性和保障性，去保障农村产业融合发展初期的发展动力。通过打造权利义务落实链条，打通责任落实的"最后一公里"。通过制度的刚性和权利的保障性以及不断规范的农村产业融合秩序，助力农村"三产融合"的良性发展。

3. 利益机制的比较

我国农村"三产融合"的利益机制主要通过订单合同、股份合作、技术资本服务这三种形式构成，但在实践中并未取得明显的效果。原因在于，企业以营利为目的的初心没有变，农户履约意识淡薄，造成合同履约率不高。股份合作的合作双方也不能成为真正的利益共同体。

在我国"三产融合"利益联结机制的建设中，要加强对农村"三产融合"发展中的利益分配机制的建立，建立以股份制合作为联系的利益机制，是实现各经营主体形成利益共同体的黏合剂。依照"三产融合"发展的"根基在农业、利益在农民、优惠在农村"的农业发展新思维,以促进"三产融合"经营主体增收为初心,以完善利益联结机制为切入点,努力构建以农业为基础、全产业深度融合的现代化农村新业态。"三产融合"的发展过程中,要融入先建后补、贷款贴息、引进风险投资等方式,提高农户在产业链延长和价值链拓展的增值过程的利益收入,推动农村"三产融合"发展的补贴资金用在企业和农户间存在利益联结的生产经营上,避免套利现象的发生。

4. 合作机制的比较

我国农村"三产融合"发展至今,已探索出"公司+农户""合作社+农户""公司+合作社+农户""公司+合作社+基地+农户"等为主要形式的合作。我国现阶段的"三产融合"合作机制中缺少了政府的位置,只有在构建"政府+企业+农户"的合作机制才能真正地推动农村"三产融合"的发展。

我国政府需要积极贯彻落实农村"三产融合"发展的示范工程和金融支持发展试点示范工程,积极推进农民合作社的建设,培养壮大龙头企业,推进"互联网+""文化创意+"与农业现代化、信息化的深度融合,从而构建一批高效、集约、跨界式发展的新型农业产业园区。提倡传统农业的新型化,努力构建成汇集休闲、旅游、观光为一体的"环境友好型"农业园区,注重效益与绿色的协调发展。逐渐形成较为成熟的产业融合组织,构建成现代化的产业园区示范试点,提高经济和生态的综合效益。

五、服务推动融合

农业现代化与现代农业的发展都离不开现代服务业。现代服务业的发展对农业科技体系研发推广应用、农业技术支持体系的健全、农业科技创新、农业信息网络建设、农民素质的提高、农业经营主体积极性的发挥等都具有积极的作用。

(一) 现代农业服务业的内涵、特征、类型

1. 农业服务业的内涵

关于现代农业服务业的内涵,我国一般以国家统计局的定义为基础,但不同学者的具体界定存在一些分歧。①农业服务业包括两个方面,一是第一产业中的农、林、牧、渔服务业;二是农村地区的第三产业。②农业服务业的内涵应该是,在以经济建设为主导的前提下,服务于农业再生产,兼顾农村经济社会发展和农民生活改善的层面上而定性的。③农业服务业是指除农林牧渔业、采矿业、制造业和建筑业以外的所有产业及农村公共服务

业，它服务于农业再生产和农村经济社会发展，是国民经济发展到一定阶段的产物。④现代农业服务业的内容主要包括农业科技成果的转化服务、农业信息服务、农业物流服务、农业旅游服务和农业保险服务等。

2. 农业服务业的类型

关于农业服务业的分类，目前还没有一个统一的划分标准，主要分类方式有：一是根据农业服务业的发展阶段，划分为传统服务业和现代服务业两种类型。其中，传统农业服务业是指为农民在传统农业生产过程中提供产前、产中的各种服务，主要是为农业生产提供种子、种苗、化肥、农药等农业投入物资的供应。改造过的是现代农业服务业。二是按功能划分为生产性、生活性服务业。三是根据生产过程将农业服务业划分为农业的产前服务，包括农业信息、种业、种养计划合同等服务；产中服务，包括技术、生产资料提供等服务；产后服务，包括产品销售、流通、储存、包装等服务。

3. 农业服务业的特征

第一，该新兴产业是一种渗透融合型产业。如生物技术服务业、信息技术服务业、农业高新技术产品对传统农业的改造等。第二，该新兴产业通过产业间的互补和延伸，实现产业间的融合。现代农业与现代服务业融合不同于传统农业服务业，具有更广泛的内涵，带有产业集群、产业混合的特征。第三，该新兴产业的产业关联度极高。在不同产业或同一产业的不同行业当中，原本独立的产品和服务通过重组和融合而形成异于原产品和服务的新产品和新服务。如农业与二、三产业融合发展，促进了农产品的社会化大生产，社会化大生产又促进现代农业物流业的繁荣。

（二）产业融合是现代农业和现代服务业发展趋势

1. 现代农业与服务业融合发展方式

第一，现代农业融合发展方式多样化。融合引致传统农业生产方式向现代农业生产方式的转变，农业的单一产业向多功能产业的转变，是固化业态向多元业态的转变，是由国内市场向全球市场的转变。现代科学技术的发展，加快了现代农业与现代服务业的融合。高效地利用各类农业资源，以最低的投入达到最高的效益，取得经济效益和环境效益双赢的结果。

第二，农业多功能加速"涉农产业"发展。人们开始重新审视农业，认识到发展农业可以增进就业、增加农民收入、保障粮食供给，更为重要的是，其在促进工业化、推动产业革命、缓解能源危机、建设生态文明、传承农业文化等方面能够发挥重要作用。休闲农业、创意农业等时尚农业逐步流行。融休闲娱乐、文化教育、乡土风情和农事体验于一体的休闲、创意农业使农产品附加值增加，促进农业增产、农民增收。"涉农产业"为农业领域的不断拓展和农业价值的不断提高提供了新空间，从而使之成为农民的新追求。

第三，人们对农产品的消费需求将发生巨大的变化。随着经济的发展和人们收入水平的提高，人们的消费结构与消费内容发生了很大的变化。食物、粮食的需求呈现出专门化、多样化态势，人们更为关注的是农产品食用的安全性。随着农产品贸易全球化和农业科技文化交流的不断扩大，在农产品质量体系上，农产品标准的国际化已成为普遍的发展趋势。

第四，服务业受到各级政府日益重视。中央对"三农"工作高度重视，对农业基础仍然薄弱、城乡区域发展不协调进行了科学分析。提出在推进工业化、城镇化过程中同步推进农业现代化，继续把解决好"三农"问题作为全党工作重中之重，统筹城乡发展，加大强农惠农力度，夯实农业农村发展基础，深度开发城乡居民的消费需求。

2. 现代农业与服务业融合发展的问题

第一，目前国内外关于现代农业服务业的概念界定还没有一个明确的说法。一般认为现代农业服务业就是第三产业，但不同学者的界定还存在一些分歧。而我国把农林牧渔服务业归类在第一产业。农林牧渔服务业的内涵过于狭窄，与其他服务业缺乏准确的分割。在服务业分类方面，也没有形成一个统一的标准，有的按发展水平划分，有的按服务业功能划分，也有的按生产过程顺序划分。

第二，相关计量经济研究方法还比较欠缺。国内外关于现代农业与服务业是否相关、是否能融合，计量经济学的研究未取得突破性的成果。目前研究成果是以整体分析、定性分析为主。相对而言，国外研究中定量分析和计量经济模型应用比较多，主要集中于农业物流最优规划、农业保险保费和补贴模型分析等，而在国内学者研究方面，关于现代农业服务业的定量研究和计量经济模型分析相对较少。

第三，关于农业服务业各行业之间融合关系的研究不够。如农业与科技、农业与物流、农业与保险、农业与休闲旅游等产业相互之间的融合关系的研究比较少。而对于农业科技服务业、农业信息服务业等行业的研究融合发展的理论和实践缺乏较为系统、完善的理论和实践研究成果。

第四，现代农业与服务业相互融合的实证分析也是相对欠缺的。如前所述，国内外学者对现代农业与服务业融合发展，以及形成的交叉性的学科如现代农业科技服务业、农业信息服务业、农业物流业、农业旅游业、农村金融保险服务业等相关研究相对欠缺。

3. 引导现代农业与服务业融合发展的对策建议

（1）深化农业管理体制改革

一是推进农业服务业的集聚发展。现代农业与服务业的融合发展，需要构建适应农业服务业发展的环境。一方面，需要加快农业基础设施建设，健全农村土地流转制度，实现农业的集约化经营。二是加快农村金融体制改革。加快农村合作金融机构股份制改造，加快发展村镇银行、小额贷款公司、农村资金互助社等新型农村金融机构或组织，突破信贷等专项信贷资金的使用范围，重点是向有效益和发展前景看好的项目增加资金投入。打破农业项目申报的资质限制，支持从事农业产业化的发展大户和企业多方引进项目、争取资金。加大招商引资工作力度，积极争取对口帮扶资金，增加发展农业产业化的资金投入。建立多元化的投入体系，积极引导和鼓励广大农民以股份合作制的形式增加对农业的投入，增强资金流通能力。三是制定惠农政策，为农业服务业稳定健康发展提供保障。与其他产业比，农业成本高、效益低，是弱质产业。因此，各部门要制定一系列的优惠政策，以促进农业服务业健康稳定地发展。

（2）加强现代农业物流服务

加快现代农业物流服务的发展。以加快大型多功能综合性农产品物流中心的建设、发展新型物流业等为核心，大力发展现代农业物流，建立具有高效集散能力的物流中心，着力构建各种新型农产品现代物流体系。

引导和鼓励农民进入流通领域，积极培育中介组织，扶持和发展多专业、多品种的长途调运、销售的民间运销队伍，促进农产品的市场营销和流通。鼓励发展农业行业协会、合作经济组织等第三方物流企业的发展，通过农业龙头企业利用农产品超市或专卖店、连锁经营企业与农产品生产基地，提高农产品在超市等新型零售业态中的经营比重。积极组织优质农产品参展，增强产品知名度，提高生产效益。对新办从事农产品流通的单位、企业和个人实行税收减免等优惠政策，建立新型农产品流通体系。

（3）提高农业信息服务业的发展水平

大力实施农业信息服务工程，逐步构建现代农业信息化体系，包括推进广播电视、电话、互联网、农民信箱、"农信通"、农民科技综合服务等信息工程。及时为广大农民、农业企业提供快捷有效的市场供求信息、高效种养模式、网上农博会信息及所需帮助等服务，加强引导和宣传，帮助农民专业合作组织、农业龙头企业等发展农业电子商务，促进农产品流通与销售。选拔事业心强、有经营头脑、掌握一定农业技术、乐于为民办事的同志作为信息员，逐步建立一支专业技术和分析应用相结合、精干高效、干事创业的农业信息专业队伍。

强化农业信息项目的投入。抓好农业信息服务项目的建设,积极争取农业与农村信息系统开发项目资金或支农资金来重点扶持当地农业信息网络建设,抓好宽带工程、广播电视工程等建设项目,不断推进信息的普及化,提高普通农户的信息化意识和水平,推进信息化的普及速度,提高农业信息化的总体水平。

(4) 挖掘潜力,加快创意休闲旅游农业的发展

根据城市居民向往回归自然、体验具有创意的休闲娱乐活动和体味农耕文化的需要,创意休闲旅游农业是未来农业服务业发展的一个重要方向。发展创意休闲旅游农业能有效拓展农业功能,突出文化、生态、科教和载体功能,并着力培育农业主题公园,以农业观光休闲区、生态休闲度假区等的开发建设为载体,通过举办民俗文化节和农事节庆等方式,打响休闲农业观光区的品牌,推进观光农业发展。在旅游业和现代农业发展的专项规划中列入观光旅游农业的资金投入计划,提高农户参与度。协调好大型综合农业旅游景区与中小型观光休闲农业项目之间的关系,通过举办各类农业展览节会,充分发挥农家乐、渔家乐、休闲垂钓、采摘体验等中小型观光休闲农业项目的作用。在财政、土地、税收等方面制定优惠政策,加大对观光旅游农业的扶持力度。加大对旅游观光农业开发项目资金支持的力度,加强基础条件的建设。政策性银行要对具有一定规模、发展潜力大、成长快的创意休闲旅游农业项目给予较宽松的信贷资金支持。

(5) 强化科技创新和人力资本支撑

科学技术是第一生产力。科技创新与人力资本对农业具有显著正向促进作用,因此要全力提高农业的科技创新能力。将科技含量高低、自主研发能力高低列为相关涉农企业的必审条件。充分利用现代信息技术和各种媒体力量,以各种形式推广普及农业技术,提高务农人员的科学素养。设立地方农业科技创新基金,定期立项招标,组织农业科研技术人员攻关解决本区全局性制约性的生产实际技术难题。充分运用高新技术促进现代农业服务业的发展,在提高现代农业与服务业融合发展的基础上,逐步建立现代农业服务业科技创新体系。逐步建立农业服务业科技创新体系,大力推进多元化的农业科技推广体系,并充分发挥农业企业、农村合作经济组织和农村中介组织等推广农业技术的作用,通过建设示范基地和农业科技示范园以点带面,全面推进农业技术利用水平的提高。制定各种激励政策,引导各种具备创意的人才和高技术人员、有战略思维和市场开拓能力的企业家,致力于农业服务业发展。建立有效的政产学研合作机制,加强人才队伍建设。通过构建多层次、多元化和市场化职业教育和培训体系,满足农业服务业人才素质提升需要。

(6) 推进政策性农业保险

加大宣传力度,提高农民对政策性农业保险的认识。大力宣传和积极引导农民参与农

业险种，政府部门要充分利用电视、广播、报纸等各种媒体，加强政策性农业保险的宣传，让农民特别是龙头企业、种养殖大户、专业合作组织了解政策，用好保险。农业保险承保公司和相关部门通过对农户印发宣传资料、开展知识讲座等方式，让农民了解农业保险的相关知识，自愿参保投保。

加大财政补贴的力度。采取切实有效的措施，通过项目安排、资金分配、保费分担比例等配套组装整合各种支农政策手段和财政支农资金，完善农业风险保障专项补助资金，减少自然风险对农民造成的损失。强化政策引导，对参保农户在项目资金扶持、技术指导和培训、灾后重建等方面予以优先考虑安排。改进完善补贴方式，改革救灾救助方式，集中投放，优势互补，更好地发挥放大效应，重点支持优势产区和优势产业加速发展，率先突破。

第八章 农业经济发展趋势

第一节 土地资源保护与农业资源的可持续利用

一、土地资源的保护

（一）土地资源利用与保护的发展特点

1. 土地保护与土地利用相伴相生

人类在发现"万物土中生"的同时，也发现了连作会使作物的产量越来越低，并采取了各种各样的措施以保护地力。在我国表现为施粪、耕、锄、耙、耱等一整套耕作技术，并形成了间作、套作、轮作等土地利用方式；而在西方则表现为休闲、轮作等技术，土地利用与保护相伴相生。

2. 土地保护内涵和外延不断扩大

应该说最初的土地保护，是基于人类为生存空间而进行土地保护，保护土地的形式是通过设置土地产权，通过产权进行土地保护；而对于具备公共资源性质的土地，不仅需要设置产权制度，还要通过土地的相关法律、制度、政策来进行耕地保护，并通过土地规划实现对土地资源的保护。

从土地保护的内涵来讲，对于私人意义的土地资源，其内涵是保护权利人的利益不受侵害；而从公共资源角度来看，土地资源的保护主要围绕土地资源的数量、质量、生态安全、景观、文化特点以及生物多样性的保护等多方面，土地保护的内涵和外延随着人们对土地的需求转变而产生变化。

（二）土地资源保护的意义

1. 土地资源利用与保护的国家需求

（1）国家粮食安全资源保障的需要

粮食安全是指一个国家满足粮食需求以及抵御可能出现的各种不测事件的能力，其决定性因素是粮食生产及消费的能力和水平，同时和国家经济发展水平及外贸状况有着密切的联系。随着我国经济的快速发展，城市化进程加快，城市规模不断扩张，导致建设用地的大幅增加和耕地资源的不断占用。耕地面积的减少直接影响到粮食的生产和供给。

保证国家粮食安全，最根本的是保护耕地。首先，耕地提供了人类生活必需的粮、油、棉等主要农作物，而且95%以上的肉、蛋、奶产品也由耕地资源的主副产品转换而来。虽然农业科技的应用使耕地单产日益提高，但无论农业技术怎么提高，粮食生产都离不开耕地，因为粮食生产的基础是土地。

我国耕地减少的年代，粮食安全就受到威胁。即使是农业科技相当发达的国家，也十分强调对耕地的保护。因为单产的提高难增加，并且提高空间日益缩小。随着粮食安全由供应保障向健康、卫生、营养理念的转变，化肥、农药等农业科技产品的应用空间逐渐减小，边际效益不断降低。世界农业从原始农业到石油农业，再到生态农业，回到了以注重耕地等自然资源保护和综合开发利用为主要内容的可持续发展道路上。与此相对应，从无害化食品、绿色食品到有机食品，对食品的产地环境质量提出了越来越高的要求。

（2）国家生态安全的需要

耕地是一种重要的自然资源，除具有的首要功能为食物生产外，还具有生态服务、经济（金融）安全和社会稳定等多种功能。

土地资源的生态服务功能。与各种自然植被、湖泊、沼泽等类似，土地的生态系统具有重要的生态服务功能，在生物多样性的产生与维持、气候的调节、营养物质贮存与循环、环境净化与有害有毒物质的降解、自然灾害的减轻等方面发挥着重要作用。此外，耕地作为人工生态系统，由于接受了更多的物质投入，其是一个物质快速循环的高生产性生态系统，其生物生产量比林木和草坪大得多；与同面积的林木和草坪相比，农作物发生光合作用吸收的二氧化碳和释放的氧气也多得多。可见，土地资源有着重要的维护生态系统安全的功能，对于满足国家生态安全的需求有着重要的作用。

（3）传统文化传承的需要

土地利用是一个历史的范畴。人类数千年在这个土地上生活，人类历史的记忆，人类精神的传承，人类情感和审美的方式，人类一切的文明和创作，都留在这个土地上。

人在土地上生存，利用土地创造了难以计数的物质财富和精神财富，土地又以不同的地貌形成了人不同的聚落，以不同的环境构成人不同的生存文化，我们今天有酒文化、茶文化，实际上土地是一个更大的概念，是包容力更强、涵盖范围更广的一个文化平台。所以从文化的意义上讲，土地对于文化传承的作用不可估量。

(4) 经济安全的需要

传统的经济安全主要指国家自然资源供给及资源运输通道的安全。随着全球经济一体化的加快，经济安全的观念逐步转变，将抵御外来经济干扰的能力放在首位，并开始强调市场的稳定运行，包括市场规模的提升以及市场结构的改善等。土地作为一种稀缺资源，它具有资源和资产的双重属性，并通过四个传导渠道来影响宏观经济。作为资源和要素，土地通过生态渠道和产业渠道影响宏观经济；作为资产或资本，土地通过信贷渠道和财政渠道影响宏观经济。

我们要充分发挥土地参与宏观经济调控的"闸门"作用，按照供给制约需求和节约、集约原则，在保障重大基础设施建设的前提下，对非农用地增长速度和规模加以控制。同时，还应重视建立土地资源循环经济机制，规范土地供应和开发行为，鼓励盘活存量用地，优化建设用地的配置结构，从而保障城乡经济持续健康地发展。

2. 土地资源利用与保护的关系

土地利用是人们为获得需要而对土地施加的资本、技术和劳动力等生产要素的干预过程，其具体表现在土地利用类型、土地利用方式和土地利用强度三个方面。由于土地资源的有限性和位置的固定性以及土地资源的特殊的生态过程及其影响，要保障土地资源的持续利用，必须采取一定的法律和政策以及道德等手段，对土地利用行为进行约束和规范，以保障土地资源的可持续利用。

两者之间需要在达到一种均衡与协调状态，以促进土地资源的可持续利用，围绕在土地利用的各个过程，两者之间既存在统一也存在对立。

土地利用改变土地利用类型、土地利用方式和土地利用强度，对自然的土地施加了影响，改变了土地利用覆盖，从而对生态、经济以及社会各个方面产生影响，这些影响包括正面和负面的影响。正面的影响包括满足了人类获得衣食住行的需要以及文化精神的需要，在利用的同时，也由于利用方式不当，导致水土流失、土壤退化、耕地生产能力减低以及气候和水文变化等不利影响。

而土地利用保护就是要基于对于土地利用变化对生态环境可能产生影响的基础上，基于产权、法律、政策、道德文化等对土地利用方式进行限定，以保障对土地资源的持续利用。因此，土地保护是基于对土地利用变化及其变化过程的可能影响方面做出的有关制度安排，法律保障以及思想道德的约束，并在自然条件、法律和经济条件等约束下进行的土地保护的行动。

要进行更好的土地保护，就必须从研究土地利用及其变化驱动机制，分析土地利用变化过程，并对土地利用变化的可能影响进行分析，才能形成土地利用的保护方法以及相关的技术手段，保障土地资源的持续利用。

二、农业资源的可持续利用

农业资源，特别是农业自然资源，不仅被人为开发利用，其循环再生亦受人为干预，处于动态变化的状态。只有掌握了农业资源动态变化的规律、原因以及变化的趋势，才能拟定开发与利用农业资源的方案，农业资源的利用质量、数量才能在掌控范围内，其循环恢复状况才能在预计范围类，才能在开发与利用农业资源的过程中，保护农业资源，保证农业资源利用的长久性，使农业资源开发利用过程中的经济、资源、人口等众多元素之间平稳共同发展的状态，才可称之为农业资源可持续利用状态。

农业资源可持续利用的特点如下。

时间性：指的是未来人们对农业资源开发与利用的状态与现在相同，或者优于现在。说明农业资源在开发与利用后质量无衰退，在时间上得以延续。

空间性：农业资源具有地域性，地域农业资源在其开发与利用的过程中，不能对其他地域农业资源造成负面影响，而地域内的一切农业资源，维持着循环平衡的相互依存关系。

效率性：农业资源开发利用过程必须"低耗高效"。农业资源可持续利用实现"低耗高效"，是以农业社会经济资源中的科技技术为基础的。在农业资源开发利用过程中，完善资源附属设施、采用先进的科学技术，以对农业资源最低的利用度，来获取最大的农产品产量，实现农业经济的高效性。

（一）农业可持续利用理论基础

1. 农业生态系统理论

生态系统理论可以看做是发展的心理学，是由生态学与心理学共同组成的新生学科。简单来说，生态系统理论所要表述的主要观点如下三个方面。

第一，生态系统理论认为人生来就有与环境和其他人交流的能力，人与环境之间彼此作用、互利共生，并且人们个体能够与环境形成良好的彼此协调度。

第二，人们个体的行动是有目的的，人们自古以来便遵循着"适者生存、不适者淘汰"的生存法则，个体所存在的意义，是由环境赋予的。因此要理解个体，就必须将个体置于环境中。

第三，个体所面对的问题，是其在生活过程中所面临的一些问题。对个体所面对问题的理解和判定，也必须将此问题放置于个体所在的环境中。

农业生态系统理论，是以生态系统理论为前提，个体为生产利用农业资源的人们，生态系统理论所提及的"环境"，则是个体在农业生产活动中所涉及的自然环境以及社会经济环境。农业生态系统理论，表示人们在农业生产过程中，人们既影响着环境，环境也对人们的生产的历程产生一定的作用。而人们作为利用自然资源的主导者，只有科学合理地利用自然资源，与自然资源形成友好共处的关系，农业的生产才能达到一种生态平衡的现象，农业生产过程才能高质高效进行。

生态系统理论在农业资源利用过程中需要注意如下几个问题。

第一，人们在利用农业资源过程中所面临的许多问题，并不是完全由人们引起，自然资源是造成问题的主要原因。

第二，对农业资源利用个体的研究，要从生态系统理论所表述的四个系统角度综合分析，同时也要单独从四个系统的角度分别分析。

2. 农业资源可持续发展理论

持续发展是在满足现在人们的需要的前提下，又不对未来人们满足其需要的能力构成危害的发展。然而要实现可持续发展，则在当前使用与利用的过程中，规定使用额度与限度，并通过统计计算，统计人口、经济、社会等一系列项目指标并发现其中的问题以及发展趋势，计算未来人们的使用需求。资源存储量不够时，现在人们应节约使用，并以"开源节流"的对策，在节制资源使用量之余，制定对策促进资源的恢复功能，以保证未来人们对资源的使用；资源存储丰富时，现在人们虽可按照需求量使用，但必须注意在使用过程中保护资源，切勿伤害资源的恢复功能，甚至要根据资源的形成过程与所需条件，为资源的恢复创造条件，提供契机。

农业资源可持续发展理论，是对人们在农业资源开发与利用过程的考察，是用来揭示人们在农业资源利用过程中，社会对人们利用资源、资源被利用的一种愿景，即农业资源的可持续发展。

第一，转变了对于传统的单纯经济增长、而忽视生态环境保护的发展模式。

第二，由资源型经济过渡到技术性经济，统筹分析社会、经济、资源与环境所带来的收益。

第三，通过对新型技术的研发与利用，对农业生产方案作出优化，实行清洁生产与文明消费，提升资源的运用效率，减少废弃的水、气、渣的排放，协调农业资源与农业生产之间的发展关系。保证社会经济的发展不仅能够满足现在人们的消费需求，同时不会对未来人们的发展造成一定的威胁，最终目的是使社会、经济、资源、环境与人口持续稳定的发展。

（二）农业资源可持续利用的途径与措施

1. 农业资源可持续利用的原则

农业资源可持续利用，应遵循以下原则。

（1）因地制宜

每个地区农业资源的基本特征不同，特别是农业自然资源方面。在制定实现农业资源可持续利用方针之前，应对区域农业自然资源作为资料采集以及数据分析，方能拟定农业资源利用计划与方案。

（2）利用和保护有效结合

农业资源可持续利用，并不是仅仅对农业资源的开发利用，更注重在利用过程中对农业资源的保护。农业资源利用的方法、规模、密度等因素，均在保护范围之内。

（3）经济效益与生态效益相结合

农业资源的利用目的是产生一定的经济效益，在追求经济效益的同时，应维持区域内原有的生态效益，或者优化生态效益。

（4）局部与整体的和谐关系

农业资源所涉及的方面杂而多，农业资源利用的目的需要通过局部性与整体性的和谐统一。农业自然资源、农业社会经济资源以及农业环境资源，每种资源均需实现可持续利用的目标，区域内农业资源的整体性才能完整与高效，农业资源所产生的经济效益与社会意义才能长远。

2. 农业资源可持续利用的措施

（1）制定节约用地制度

合理利用和保护耕地资源，制定一套完善的节约用地制度。节约用地制度体现的是一种集约的用地方法，对原耕地的用地方式以及新增用地的开发方式提出了要求。而节约集约用地机制，不仅是一套节约用地的长效机制，限制了新增用地的开发方式，同时也对新增用地的开发范围提出了要求。对建设型新增用地，提出了选址要求，其选址不应对耕地造成影响。节约集约用地制度，首先需要对土地资源的评价和考核提出一套指标，对于耕地资源而言，应对其种植目的、种植品种、品种年限以及产出率提出要求；对于建设用地而言，应对其建设过程监督与管理，保证区域内用地的有效性与生态型。

其次应将土地有偿使用机制进行改革，将其市场配置范围进行扩展。市场机制也就是产生市场经济效益，对于耕地资源而言，是促进节约集约用地方式的重要因素。对与耕地资源，将其国有土地有偿使用范围进行扩展；对于建设型用地，如工业用地，应将其土地储备制度进行优化，引入市场机制，有限储备盘活闲置、空闲和利用率较低的土地。

（2）大力发展生态农业

在利用自然资源的过程中，应以生态学与生态经济学作为理论依托，以全新的科学技术作为技术指导，以完善系统作为工程方案，让自然资源科学、高效地利用，实现低投入、高产出且维持生态平衡和谐发展的良好局面。

实现生态农业的快速发展，首先需要培养优秀的生态农业建设人才，指导各个区域生态农业发展的实行。其次，地区政府应在农村普及发展生态农业知识，培养村民发展生态农业意识，并将大力发展生态农业计划有组织、有条理地传达给村干部，形成政府监督村干部、村干部监督村民的紧密结构，将生态农业发展计划进行到底。只有生态农业计划实行，农业资源可持续利用的远景才能实现。在生态农业意识与计划普及的过程中，必须继续研发生态农业生产技术，比如耕地松土技术、施肥配方技术、浇灌技术等等。

（3）强化市场作用

强化市场作用，带动结构优化农业结构优化调整应深入研究潜在市场，找准切入点，进而科学引导农民主动进行农业结构调整，避免盲目调整、被动调整、从众调整和低层次调整，防止结构趋同；建立以产区为中心的区域性批发大市场和专业大市场，通过市场的引导和带动，形成农业主导产业和支柱产业。

（4）加大资金投入，升级农业产业结构

加资金投入，开辟融资渠道促进农业产业结构的优化升级，需要市场化运作、分工明确的投融资体系，引导社会资金流向，拓宽产业结构优化的投融资渠道。首先应增加财政资金投入量，建立财政农业投入的稳定增长机制，形成稳定的财政支农资金来源；其次应加大农业银行、农业发展银行和农村信用合作社等金融单位的信贷支持力度；再次应积极引导民间资本等方面的投入，开发建设农业生产、加工项目。

（5）提升服务管理

改革管理体制，服务结构优化在宏观管理层面，转变政府工作职能，增强农业社会化服务功能，避免政府职能交叉、政出多门、多头管理，从而提高行政效率。在微观经营层面，应鼓励形成行业协会和大型农业企业，政府将社会职能让位于这些组织，逐渐从直接干预农业中退出。在农业政策方面，加大农业投入比重，完善农业信贷政策，建立农业专项保险制度,降低农业结构调整风险。

(6) 构建农业资源核算体系

建立农业资源核算体系,从量上系统的反映农业资源的开发利用状况,以及对资源利用过程中人口、经济、环境以及生态各个因素之间的内在系统性的体现,以数据的形式为资源可持续利用评价提供依照。农业资源核算体系的内容,包含了农业资源的核算方法、核算指标以及核算模型。

建立农业资源核算体系,不仅体现了农业各个资源之间的关系,同时统一规范了资源核算计量方法,使得各个区域的农业资源利用状况可统一计量,有效对比。农业资源核算体系,必须以相应的农业资源开发利用谱系作为评价指标,当核算数据超过指标则农业资源的利用状况不尽乐观,存在潜在危机,需要及时解决,而当核算数据在评价指标范围之内,则说明农业资源的利用具有可持续性,应保持原有的利用方式与状态,或者可进行优化利用。

(7) 加强法治建设和管理

加强法治建设和管理,首先是将"一个平台、三个系统"有效实行。"一个平台"是指在建设产业集中的区域,通过产业的汇集促进生产主要元素的规模汇集和完善组合,形成促进竞争的有利条件及发展驱动,营造资本、技艺和英才新高地。"三个系统",一是现代化产业系统,要求加快构建现代农业及工业主导的产业、高新技术的产业、现代服务产业和基础产业互相扶持、互助成长的产业系统,加快工业化进程;二是现代城镇系统,大力发展城镇化建设;三是自主创新系统,做好科研工作。"一个平台、三个系统"的实施内容要真真切切落实,在实际工作中还需灵活结合耕地利用相关制度,提高执法监察效果。

其次,建立立体化的监管体系。一是加强天空监管。以国家开展卫星执法监察为契机,通过技术等提高卫星监测的密度、频率以及范围。通过卫星监测的方式,对所需关注的重点地区、重点时段以及重点项目进行实时有效的动态监测。二是加强地面落实。需要建立一套完善的动态巡查监管体系,对资源各个方面的利用监测应划分职责,明确监察任务。省、市、县要以大管小的模式,将巡查监管的责任落实到地区、岗位以及人,做到人人巡查监管,不留监管死角。三是加强网络化控制。通过网络系统记性监督与管理。传统的资源监管模式,是由下级主动将资源利用数据上报上级,而网络管理则可实现上级可自主通过网络系统,对资源利用数据进行调查。以图纸的形式作为动态检测平台,不仅促进上级对下级工作的监管,同时可以对资源利用计划进行"批、供、用、补"全方位即时监管。

最后,国家相关部门需要有效沟通与紧密配合,通过各部门之间的发展目标,营运计划，共同对农业资源的利用情况进行巡查、检查与监察。为促进各个部门工作的顺利进行，第一，要对农业资源的有效利用做出一番传播，有效利用的重要性、有效利用的方法等方面的知识应通过教育的方式普及。第二，各部门之间应完善其工作职责，只有各自完善了工作职责，部门之间方能实现有效配合。第三，部门工作需要保持公平、公正的态度，对违法现象及时监察、果断处罚。第四，各个部门的监察工作需要公开透明，一方面让群众了解政府部门的工作性质、了解农业资源有效利用具备的法律意义，另一方面满足群众一视同仁之要求，让群众自愿监管，自觉实行用地计划。

第二节 发展农业循环经济

农业循环经济实质上是一种生态经济，是对传统农业发展观念、发展模式的一场革命。发展农业循环经济，从根本意义上来说，是由农业大产业自身的特点和发展规律所决定的。宏观层面，农业循环经济是遏制农业污染，发展农业的一种机制创新是提高农业资源利用效率的机制创新。从农业生态文明角度看，有学者认为发展农业循环经济是确保农产品安全、建设农业生态文明的最有效路径，是实现农业生态环境友好、建设农业生态文明的最佳载体。农业循环经济是建设社会主义新农村的需要，党中央在建设社会主义新农村规划中提出的生产发展、生活宽裕、乡风文明、村容整洁、管理民主的社会形态，这就必须营造良好的农村生态环境，农业循环经济中的原则，则是保护农村生态环境的必要条件，因此离不开农业循环经济的发展。农业循环经济是在循环经济理念和可持续发展思想指导下出现的新型农业经济发展模式，它摒弃了传统农业的掠夺性经营方式，把农业经济发展与环境保护有机结合起来，从而成为农业经济和国民经济可持续发展的重要形式。

一、政府引导农业循环经济的必要性分析

可持续发展始终是一个动态的过程，必须不断积极探索新的实现形式以适应经济社会的发展。正是在这样的背景下近些年来各地方政府和国家有关部委都将目光聚焦在了农业循环经济，普遍认为追赶发展循环经济的时代大潮是农业可持续发展的迫切需要。

（一）农业循环经济是保持农业可持续发展的有效途径

1. 以现代化为目标的农业可持续性要求，将循环经济与农业相结合以改造传统农业

可持续发展既是现代农业的出发点，又是其最终的目标，未来农业发展的趋势就是建立在可持续性基础上的现代化农业。农业发展的可持续性是一个内涵丰富的概念。高旺盛教授指出，主要体现为"三个可持续性"的协调发展，即生产持续性，保持农产品稳定供给，以满足人类社会发展对农产品的需求的能力经济持续性，不断增加农民经济收入，改善其生活质量的能力，主要体现于农村产业结构、农村工业化程度以及农民生活水平等方面生态可持续性，人类抵御自然灾害的能力以及开发、保护、改善资源环境的能力。这种能力是整个农业发展与经济增长的前提，没有良好的资源基础和环境条件，常规式的现代农业就会陷入不可持续的困境之中。

然而，传统农业已不能同时满足生产持续性、经济持续性和生态持续性，尤其是在保护农业资源和环境方面显得无能为力甚至产生负面影响。在我国，传统农业生产的初级产品经过加工后，作为商品开始流通，在完成使用和服务价值后，部分商品变成垃圾，加剧了农业方面的源污染。循环经济源于可持续发展，它是人类发展到一定阶段受自然"胁迫"后反思的结果，发展循环经济就是对可持续发展道路的探索。而针对传统农业所进行的现代化改造，正是循环经济在农业领域展开探索的时代背景和阶段特征。只有在这个特定的阶段，农业循环经济的一系列思路和理念才能在保持农业可持续性和发展现代化农业的目标中发挥最大效用。

2. 循环经济适应农业可持续发展的内在要求，是积极、和谐地实现资源、环境与社会经济的可持续发展

农业作为直接利用自然资源进行生产的基础产业，是人类对自然资源与生态环境影响最大依赖性最强的产业。农业可持续发展的核心是保护农业资源与环境，农业要实现可持续发展很重要的一点就是实现资源的可持续利用，这是本质所在。农业循环经济以资源的高效利用和生态环境保护为核心，以"减量化，再利用，资源化"为原则，如畜禽养殖冲洗用水可用于灌溉农田。也就是说，农业循环经济在资源利用方面强调利用自然生态系统中各要素的特性，形成空间上多层次和时间上多序列的立体多维的资源利用系统。

（二）发展农业循环经济有利于促进农民增收

"农民收入是衡量农村经济发展水平的综合指标，是检验农村工作成效的重要尺度。农民收入增长缓慢，不仅影响农村经济的发展而且制约着工业品市场容量的扩大，不利于整个国民经济的发展。"解决农民增收问题的思路要不断创新，努力为我国的加工业和服

务业提供更大的市场,释放国内巨大的潜在消费能力,保持平稳较快的经济增长。

解决农民增收问题有三个有利于:

1. 有利于提高农业资源利用率,节约农民生产性开支,变废为宝

稀缺性、有限性是农业资源的特点,在客观上要求农业各项生产活动都必须十分珍惜利用农业资源,充分开发利用农业有机资源,尽可能提高农业资源的利用率做到"吃干榨尽"。农业循环经济通过生物之间在生态链中的各个营养能级关系,相应地使剩余农业有机资源转化为经济产品,投入农业生产过程,替代或增加新的生产要素,使农民获得经济效益增加农民收入。

2. 有利于适度规模化生产经营的形成,变"粗放型"为"集约型"农业生产方式

尽管生态效益和经济效益同为政府和包括农民在内的社会公众所关心,但是在市场经济条件下,一种农业模式能否得到推广关键还是在于它能否带来经济效益。农业循环经济要求根据区域农业资源优势、产业结构特征以及废弃物特征和分布状况,实现区域范围的大循环,这无疑将加快由家庭小生产经营向集约化,规模化大生产经营方式转变,"集体化"可以提高农作物的单位产量,增加农民的生产性收入,并可以解放大量劳动力向城市和农村非农产业转移,增加农民收入的来源形式。例如,在各地蓬勃发展的生态农业旅游、农家乐等都为农民致富开辟了广阔天地。促进农业生产规模化经营不仅可以降低农业生产的成本,增强农业抗风险能力,提高农业生产的经营效益,同时还可以将市场竞争中长期处于弱势地位的单个农民变为真正具有市场竞争和博弈能力的市场主体,增强农民的市场谈判能力,有效地保护农民权益,降低农民的交易成本,增加农民收入。

3. 有利于促进农民就业,带动人力资源开发

我们依据循环经济原理来分析农业循环经济促进农村人口就业的运行机制。循环经济要求各类产业或企业间具有产业关联度或潜在关联度,能够在各产业间建立起多通道的产业链接,实现产业或企业间的能源共享;提高供应链管理的水平,通过核心业务的选择和调整,进行有效的产业链整合,从根本上提高生产和服务的效率,减少能耗,提高产品和服务质量,提升核心竞争力。产业链的整合会促进产业的延伸和产业间的融合,促使第三产业向第一产业和第二产业的延伸和渗透以及工业、农业、服务业内部相关联的产业融合提高竞争力,适应市场新需要。

因此,发展循环农业,通过产业链整合促进产业间的延伸整合,可以使内生就业机会增加,有效解决农民就业问题。农业循环经济要求农业生产是产业化的生产,形成一个良

性运转的"产业链"或"产业网",进而提高农业生产效率和人才资源配置效率,增加农业就业机会。农业循环经济的发展还扩大了劳动密集型的园艺、畜牧、农产品加工等优势产业的规模,可以吸纳更多农村劳动力就业。

二、政府推动农业循环经济发展的对策措施

(一)制度建设是发展农业循环经济的基础

1. 推进农业循环经济法治建设

实践证明发展循环经济的主要杠杆,一是要靠经济、价格政策,二是要靠法律法规,即法律规范机制,就是说要用立法方式加以推进,才能事半功倍。循环经济无论作为一种经济理论还是一种现实的经济模式,要在全社会范围内深入人心,要建立农业循环经济体系,实现农业可持续发展,必须建立一个强有力的法律支撑系统、一个规范的行为准则、一个明确的导向系统。发展农业循环经济是一场变革传统生产方式、生活方式的社会经济活动,需要明确的导向。没有明确是思想和价值观念为其指明方向,没有可靠的行为规范、行为准则来统一其行动,发展循环经济就会陷入混乱。因此,必须加强农业循环经济立法。也只有通过立法,才能把循环经济从一种经济理论转变为人人都能遵守的行为规范。目前,在农业循环经济发展方面,相关的法规制度还十分薄弱。因此,加快有关农业循环经济法治建设工作已是当务之急。应建立和完善农业生态环境保护法、农业废弃物无害化处理与利用标准、绿色农产品认证制度、市场准入制度、生态农业补偿制度以及生态农业发展的激励政策与机制。

法律具有强制和教育、引导的功能。加强农业循环经济立法,可通过发挥法律的强制作用,扭转农民陈旧落后的思想观念,提高其环保意识,使其逐渐抛弃自私自利的小农思想,用长远的眼光看问题,杜绝短期行为。同时,农业循环经济立法还可以充分发挥法律的引导功能,通过规定经济激励制度、技术支撑制度、信息服务制度及政府的指责等内容,帮助农民解决发展循环经济过程中遇到的资金、技术、信息等问题,化解发展农业循环经济可能给农民带来的风险,消除他们对发展农业循环经济的顾虑。

坚持循序渐进和因地制宜原则。全国性农业循环经济立法要兼顾我国区域发展差异条件下的不平衡性,地方性的农业循环经济立法要因地制宜,结合法律的前瞻性和可操作行,结合本地区的农业资源和生态资源情况、农业生产力发展水平,做到科学立法,增强立法的质量与效益。坚持政府引导和市场推进相结合。农业循环经济的发展要遵循市场经济规律,充分发挥市场经济所具有的市场联系、产品选择、收入分配、信息传递、经济引

导与刺激、促进技术研发、供求总量平衡、促进政府执法方式转变和提高执法效能、促进贸易与经济发展等功能。但市场经济的这些功能具有互动性和自发性的特点，互动性和自发性如不受政府的合理干预就会产生市场失灵的问题。因此，发展农业循环经济，必须强调政府适度的服务性、技术性和政策性引导甚至强制干预功能。在农业循环经济立法中，要把市场推进与政府引导结合起来，既要解决农业循环经济发展过程中市场失灵的问题，还要解决历史上形成的政府干预过度问题，不能越俎代庖，做一些本应由市场机制就能解决问题的事情。

坚持农业自然资源的开发利用和保护相结合的原则。自然资源是农业生产赖以发展的物质基础，丧失了自然资源，就丧失了农业的劳动对象，也就无法进行农业生产；农业自然资源受到破坏，就会影响农业生产的持续稳定发展。因此，必须合理利用并注意保护，农业资源，才能保障农业的发展，对于开发利用农业自然资源的各种活动，必须加强监督管理。按照生态经济规律的要求，合理开发利用自然资源，并在开发利用过程中，保护好农业自然资源和农业环境，是促进农业生态系统良性循环，实现资源永续利用的关键所在。

2. 建立政府经济激励机制

法律法规体系的建立和完善能够为农业循环经济的发展提供坚强有力的后盾支持，做到有法可依，有据可循；能够规范各行为主体之间的关系。但法律法规并非循环制度安排的唯一内容，西方国家的循环经济实践表明，经济手段同样具有十分重要的作用，农业循环经济必须遵循市场经济一般法则，其主体是企业和农户。"经济人"的天然属性要求经济行为必须有利可图。事实上，无论是传统经济中企业的逐利行为造成的负外部性，还是实施循环经济后所形成的正外部性（生态环境效益），都可通过经济手段予以内部化。由于企业具有天然的"经济人"特性，使用经济激励可能比强制性制度获得更低的交易成本和更高的效率。

（二）政府生态服务职能是引导农业循环经济的保障

在我国现代政府范式系统中，生态服务型政府范式被视作服务型政府观念范式的具体表现形式，它是作为观念范式的"服务型政府"和作为操作范式的"生态型政府"相互嵌套和相互契合的产物。而所谓生态型政府就是指以实现人与自然的自然性和谐为基本目标，将遵循自然生态规律和促进自然生态系统平衡作为其基本职能，并能够将这种目标与职能渗透与贯穿到政府制度、政府行为、政府能力和政府文化等诸方面之中去的政府。因此，政府引导农业循环经济发展，政府本身应积极构建包括"生态服务型政府"内涵在内的服务型政府，完善政府生态服务职能。换句话说，政府生态服务的价值观念是政府生态服务实现的首要前提，也是政府生态服务实现的规则制度和操作理念及行为的内在灵魂。

从另一个角度来看，市场机制是农业循环经济运行的基础性制度机制，它之所以优越于传统的农业经济发展方式，就在于其内含的生态价值导向。一方面是遵循市场经济的价值规律以使农业循环经济获得强大的生命力，而不至于仅仅停留在对改善环境的美好的理论想象上。另一方面，存在于社会认可的经济价值背后的生态价值是农业循环经济发展模式的真正根基。正是如此才使得农业循环经济从短期的经济利益出发，又超越经济利益而兼顾子孙后代赖以生存的生态环境。这样，政府的生态服务职能在农业循环经济生态价值发挥过程中起到关键的主导作用：一是农业生态环境作为比较典型的公共物品，具有广泛的公共意义，明显体现出社会的整体利益、公共利益和长期利益，而作为其他个人与组织都不具有如政府的公共代表性进而承担相应责任；二是农业生态环境问题本身存在一定的跨区域性，其他组织和个人的合法性与强制性以及宏观调控能力都无法和政府相比；三是生态公民社会的成长、企业生态责任感的增强还不足以取代政府在生态环境治理中的主导地位，相反，农业循环经济相关企业的生存成长、非政府生态组织的发育发展、公民的生态治理与意识、教育熏陶还需要现代政府发挥特有的培育、倡导和组织作用；四是政府为群众依靠，更是需要政府在生态环境治理中居于主导地位和发挥主要作用。

（三）引导农民积极参与发展农业循环经济

马克思主义认为，人是一切经济社会发展的主体。人的自由而全面发展，是人类社会发展的终极目标。建设社会主义新农村，人是第一资源，没有农民素质的现代化，就不可能有农业和农村的现代化。

1. 转变农民的思想观念，促进农业循环经济理念更新发展

农民的思想意识和价值观直接影响着农业经济的发展。要转变农民传统、保守的思想观念，树立循环农业发展观念，增强广大农民群众实施循环农业的积极性和自觉性，为循环农业的实施提供强大的社会基础。因此，在农业教育、宣传中，要将转变其思想观念放在首位，应适时引导他们抛弃传统的小农意识，走出安于现状、不思进取的误区，自己融入发展市场经济和建设现代农业的大潮，使之感到经济时代已经到来，生产劳动不再是单纯的体力消耗，而是"技能+体能""知识+勤劳"的复合性支出。同时，使他们明白，日新月异的科技进步，突飞猛进的世界经济发展，唯有不断接受教育，积极学、用现代科技，才跟得上社会发展的节拍。要加强对农民的宣传教育，增强农民的资源忧患意识和环保意识，普及循环经济知识，逐步培养起节约资源、保护环境的生产方式和生活方式。

发展循环农业，需要农业劳动者不断学习新知识、掌握新技能，这就要求农民群众树立"终身学习"的理念。当前，农村人力资源开发的一个重要任务是培养农民的学习习惯、再学习能力，培养学习型的农村社会、学习型家庭，让农民经常学习，科学劳作，增大劳动中的知识含量，通过学习指导日常工作，从而减少各种损失，提高效益。

农业循环经济是知识经济。农民群众还要树立"知识致富"的理念。21世纪不只是是经济，谁拥有了知识，谁就拥有了财富。没有知识的土地是贫瘠的，农业人类资源开发，就是要让农民掌握知识，运用知识，耕耘土地，创造财富。开发农民的潜能，在生产中，变"体力劳动为主"为"脑力劳动为主"，运用各种工具辅助劳动，运用各种知识指导劳动，知识致富。

直接面向农民群众的基础领导干部在转变农民思想观念上具有表率作用。在农村现实生活中，一旦正确的政策路线确立后，干部队伍便起着关键性作用。他们直接影响着政策路线正确实施。因此，转变落后的思想观念，首先是要转变农村干部的思想观念。各级干部要以科学发展观为指导，辩证地认识知识经济增长与环境保护的关系，转变把增长简单等同于发展的观念。

2. 继续加大农村人力资源开发投入力度

在同等条件下，一个具有较高人力资本的农民与土地结合便能够产生更多的产品，创造更多的财富，进而更多地增加农民的收入。人力资本低，产出效率必然低，从而影响农民收入。政府要加大对农村人力资源建设的投入，在经费上给予大力支持。要增加教育投资力度，继续提高国家财政的教育经费支出比重，使教育费用支持增长率高于国家财政支出增长率。鼓励社会增加教育投入，尤其是鼓励和宣传一部分富裕农民投资教育，为农村教育筹集大量资金。提高个人、家庭对教育的投入。同时，政府为农民提供入学贷款、为大学生到农村创业提供融资、信贷等优惠。此外，政府也应加大对农村经营业、卫生、医疗、保健等方面的资金投入，努力改善广大农村地区的自然条件、医疗卫生条件等，为农民身体素质的提高提供资金保证。

农民提高认识、转变观念、参与农业循环经济发展，需要的是信息的充分供给。政府须对现有农业信息传播体系进行集成整合，完善农业循环经济信息网络建设，提高网站质量，扩充信息量，让农民与时俱进；要加强信息标准化建设，构建智能化农村社区信息平台，促进循环农业信息资源共享和开发利用，全面、高效、快捷地为农民提供信息咨询服务；促进农村信息化进程，加快信息进村入户，把政府上网工程的重点放在村组两级，不断提高农村基层适应市场，把握农业、科技发展前沿动态的能力，增强其参与农业循环经济发展的积极性和自觉性。

3. 建立农民群众投身循环农业发展的激励机制

一是建立村规民约，实行环境保护责任制，规范村民的生产生活行为，提高广大农民群众的生态意识，引导他们进行积肥还田，对生产生活废旧物品进行分类收集和处置，使人人养成良好的生产生活习惯，推进农村循环型社会形成。二是设立乡村社会收旧利废中心或回收站，对乡村居民废弃物进行有偿回收利用。三是设立乡村社区循环农业技术服务社，推进循环农业技术入户，为村民提供循环技术利用辅导。四是在物质和精神上，对努力实践资源循环利用的村民进行激励，给予他们一定的生产、生活、养老、医疗、设施建设投入等补助。五是投资乡村基础设施建设，资助村民兴建沼气池、地头水柜以及太阳能、风能、水能、地热等节能设施，科学进行改舍、改水、改厨、改厕，促进广大乡村居民充分利用生产生活中的人、才、物力资源以及时间、空间等资源，建设新村，改变旧貌。

（四）完善农业循环经济技术推广服务体系

农业循环经济科技推广体系对于农业新技术的大面积推广应用所起的作用是无可替代的，进一步推动循环农业科技进步，必须对农业技术推广服务体系进行优化，完善其农业技术推广功能，促进农业科技成果向农业生产力的转化。循环农业科技推广体系具有不可替代的公益性职能，承担着农业科技成果转化、实用技术推广应用和指导、组织农业标准化生产、推动无公害及绿色食品发展、加强农业质量检验监测以及开展农民素质培训等重要职能，是实施科技兴农战略的主要载体和推进农业技术成果产业化的基本力量。由政府建立一支履行公益职能的推广队伍，是我国循环农业技术成果产业化的客观需求，也是各国农业发展的共同经验。因此，应首先强化政府事业单位作为循环农业技术推广主体的作用，在此基础上建立健全由科研部门、高等院校、科技企业、农民合作组织、科技示范户等多个主体共同构筑的多元化农业科技推广网络体系。

参考文献

[1] 衣莉芹. 农业会展经济影响路径机理与效应研究 [M]. 北京：知识产权出版社，2021.04.

[2] 马文斌. 农业科技人才培养模式及发展环境优化 [M]. 长春：吉林人民出版社，2021.10.

[3] 李进霞. 近代中国农业生产结构的演变研究 [M]. 厦门：厦门大学出版社，2021.05.

[4] 张国平. 苏州都市型现代农业的理论与实践探索 [M]. 长春：吉林人民出版社，2021.09.

[5] 胡江华. 数字经济基于特色产业生态创新 [M]. 北京：光明日报出版社，2021.06.

[6] 王晓平，李晓燕，胡影. 现代畜牧业生态化循环发展研究 [M]. 咸阳：西北农林科学技术大学出版社，2021.02.

[7] 秦尊文，杨慧，张宁. 长江经济带农业转型发展研究 [M]. 武汉：武汉大学出版社，2020.

[8] 李睿. 中国古代农业生产与商业化经济研究 [M]. 长春：吉林人民出版社，2020.04.

[9] 秦小丽，王经政. 黄淮平原农产品主产区农业生态补偿及其政策优化研究 [M]. 长春：吉林大学出版社，2020.09.

[10] 张天柱. 农业嘉年华运营管理 [M]. 北京：中国轻工业出版社，2020.09.

[11] 马磊. 区块链+数字农业：2030未来农业图景 [M]. 北京：中国科学技术出版社，2020.06.

[12] 孙新旺，李晓颖. 从农业观光园到田园综合体现代休闲农业景观规划设计 [M]. 南京：东南大学出版社，2020.11.

[13] 方天坤. 农业经济管理 [M]. 中国农业大学出版社，2019.09.

[14] 刘拥军，吕之望. 外国农业经济 [M]. 北京：中国农业大学出版社，2019.01.

[15] 陈晓君,蔡壮,洪非. 东北黑土区农业可持续发展研究 [M]. 长沙：湖南师范大学出版社,2019.05.

[16] 邢旭英,李晓清,冯春营. 农林资源经济与生态农业建设 [M]. 北京：经济日报出版社,2019.07.

[17] 邢红. 农村能源与现代农业融合发展的水平测度与机理研究 [M]. 南京：东南大学出版社,2019.10.

[18] 叶亚丽. "互联网+"农业改革实践创新 [M]. 北京：现代出版社,2019.10.

[19] 张培刚. 农业与工业化 [M]. 北京：商务印书馆,2019.05.

[20] 杜浩波. 新农村经济发展与分析 [M]. 北京：现代出版社,2019.09.

[21] 董莹,穆月英. 全要素生产率视角下的农业技术进步及其溢出效应研究 [M]. 北京：中国经济出版社,2019.05.

[22] 巢洋,范凯业,王悦. 乡村振兴战略重构新农业重构适合中国国情的农业"产融五阶"体系 [M]. 北京：中国经济出版社,2019.01.

[23] 邢旭英,李晓清,冯春营. 农林资源经济与生态农业建设 [M]. 北京：经济日报出版社,2019.07.

[24] 张庆霞. 休闲园艺与现代农业 [M]. 成都：四川大学出版社,2019.08.

[25] 呙小明,黄森. 多维度视角下中国三大产业能源效率的影响因素研究 [M]. 北京：中国财富出版社,2019.06.

[26] 王涛,屈春艳,任芳芳. 吉林省特色城镇化与农业产业化协同发展研究 [M]. 北京：北京理工大学出版社,2018.12.

[27] 赵俊仙,胡阳,郭静安. 农业经济发展与区域差异研究 [M]. 长春：吉林出版集团股份有限公司,2018.06.

[28] 高京平. 现代化的困境：巴西"三农"现代化历史进程及其对中国的启示 [M]. 天津：南开大学出版社,2018.05.

[29] 丁认全,丁晨. 中国生物产业及生物产业集群发展研究 [M]. 昆明：云南科技出版社,2018.07.

[30] 李道亮. 农业4.0即将来临的智能农业时代 [M]. 北京：机械工业出版社,2018.01.

[31] 张冬平,孟志兴. 农业技术经济学 [M]. 北京：中国农业大学出版社,2018.09.

[32] 侯林春,李会琴. 农户尺度的农业可持续性评价研究 [M]. 武汉：中国地质大学出版社,2018.07.

[33] 黄映晖. 观光农业经营有道 [M]. 北京：中国科学技术出版社，2018.03.